APunT 2 A2

CURS DE CATALÀ
llibre de l'alumne

Albert Vilagrasa Grandia
(coordinador)

Ares Llop Naya

Gemma Verdés Prieto

Joana Álvarez Verger

Marilisa Birello

Marta Mas Prats

Montserrat Pérez Ventayol

Paula Garcia Omedes

PUBLICACIONS DE L'ABADIA DE MONTSERRAT

Primera edició, juliol de 2019
Segona reimpressió de la primera edició, gener de 2025

© Coordinador de la col·lecció
Albert Vilagrasa Grandia

© Autors, Albert Vilagrasa Grandia (unitat 0), Ares Llop Naya i Paula Garcia Omedes (unitats 5 i 9), Ariadna Benet Parente (secció de fonètica), Gemma Verdés Prieto (unitat 4), Joana Álvarez Verger (unitats 1 i 7), Marilisa Birello (unitats 2 i 6), Marta Mas Prats (paisatges), Montserrat Pérez Ventayol (unitats 3 i 8), 2019, pel text

© Disseny i maquetació: Blanca Hernández

© Pep Brocal, 2019, per les il·lustracions

La propietat d'aquesta edició és de
Publicacions de l'Abadia de Montserrat.
Ausiàs Marc, 92-98, 08013 Barcelona
ISBN: 978-84-9883-991-3
Dipòsit legal: B. 15039-2019
Imprès a Tallers Gràfics Soler

Agraïments: Volem agrair a totes les persones que han contribuït a la realització del projecte, els suggeriments, la seva imatge, la seva veu, i, també, la seva paciència.

 Aquest llibre ha estat pensat, produït i confeccionat a Catalunya. Fent-ho així, promovem els nostres autors, ajudem a crear i mantenir llocs de treball a les nostres indústries gràfiques i estalviem transports i les conseqüents emissions de CO_2.

PRESENTACIÓ

A punt 2

Els canvis socials que ha experimentat el món en els últims decennis i la globalització van modificant les necessitats lingüístiques i els motius pels quals les persones estudien el català. La varietat de perfils d'estudiants requereix una metodologia que permeti fer conviure a l'aula un conjunt d'alumnes molt diversos per orígens, coneixements i interessos.

La metodologia d'ensenyament que es proposa en aquest manual defensa la idea que l'ensenyament ha d'estar centrat en els aprenents, que s'han de considerar com a agents socials, "és a dir, com a membres d'una societat que tenen unes tasques a acomplir (que no estan només relacionades amb el llenguatge), en unes circumstàncies i en un entorn determinats, i en un camp d'acció concret" (MECR, p. 27).

Enfocament basat en l'acció i les tasques

A punt segueix l'enfocament orientat a l'acció en què es desenvolupa una tasca, unitat essencial per a la programació i per a l'ensenyament. Les tasques tenen com a prioritat que l'alumne faci un ús de la llengua molt semblant al que es podria fer en la vida real. Aquest ús real de la llengua porta l'aprenent a utilitzar una o més habilitats i focalitza l'atenció en el significat, sense deixar de banda, però, la forma (entenent forma en un sentit ampli, on s'inclouen els aspectes gramaticals, lèxics, pragmàtics, fonètics i socioculturals). Per aquest motiu, el plantejament d'*A punt* parteix de dos principis clau: 1) les activitats que promouen una comunicació real són fonamentals per a l'aprenentatge i 2) les activitats que tenen un objectiu comunicatiu són significatives per als aprenents i l'ús que s'hi fa de la llengua té un sentit.

Les unitats didàctiques

Cada unitat conté 4 fases: 1) presentació de la tasca, per situar i motivar els alumnes, i per posar en comú els coneixements previs que tenen sobre els objectius de la tasca; 2) preparació de la tasca amb activitats de pràctica controlada, on s'introdueixen els continguts a través de textos, orals i escrits; 3) acompliment de la tasca; 4) avaluació de la tasca final i del procés d'aprenentatge. Aquestes fases es distribueixen en tres mòduls i cada mòdul preveu l'execució d'una tasca intermèdia, que té la finalitat d'ajudar l'alumne a desenvolupar les competències necessàries per dur a terme la tasca final.

Les activitats proposades en cada unitat, que es resolen mitjançant les quatre habilitats (comprensió oral, comprensió escrita, expressió oral i expressió escrita), són molt variades, estimulants i amb objectius clars: introduir continguts; tenir com a centre el significat; estimular la reflexió metalingüística i interlingüística entre el català i la llengua inicial o les altres llengües que coneix l'aprenent; dur a terme activitats de producció, que preveuen creacions de textos orals i escrits, i que promouen l'ús dels nous gèneres textuals digitals, etc.

Els continguts es presenten mitjançant documents orals i escrits que, amb el suport de fotografies i d'il·lustracions, permeten tractar temes molt actuals que obren una finestra a la societat, la cultura i la realitat del català i dels Països Catalans.

A punt, que va adreçat a estudiants adolescents i adults de català que viuen tant als territoris de parla catalana com de fora, fomenta el treball en col·laboració, que obre espais d'interacció i de negociació semblants als que els alumnes poden experimentar fora de l'aula, sense oblidar, però, també els que són propis de l'aula.

A PUNT

El llibre de l'alumne conté: 10 unitats / Paisatges / Resum gramatical / Transcripcions

Unitat

PUNT DE PARTIDA

Les dues primeres pàgines serveixen perquè l'alumne tingui un primer contacte amb els temes i els continguts de la unitat, i perquè el professor pugui comprovar els coneixements i els interessos que tenen els alumnes.

Es presenten les tasques intermèdies i finals de la unitat.

Conté activitats d'escalfament, l'objectiu de les quals és que els alumnes es familiaritzin amb els continguts de la unitat (lèxic, temes, estructures...), per tal de generar estratègies d'aprenentatge, activar el bagatge sociocultural i utilitzar els coneixements lingüístics apresos prèviament.

ESTRUCTURA I DESENVOLUPAMENT

PUNT 1, PUNT 2 I PUNT 3

Tres dobles pàgines que corresponen a tres mòduls en què es presenten, s'analitzen i es posen en pràctica els continguts lingüístics de la unitat.

Els continguts es presenten en context, a partir de documents escrits i/o orals, com els que podem trobar en situacions reals.

Activitats que plantegen a l'alumne una situació comunicativa en què ha de posar en pràctica els continguts treballats en les activitats de reflexió per poder-se comunicar.

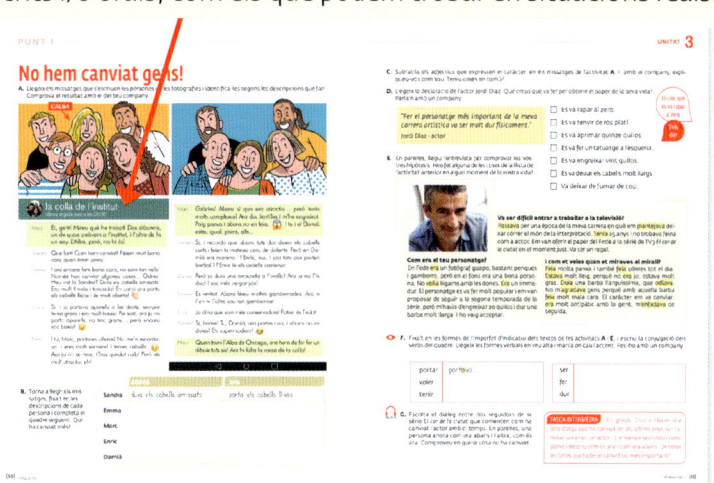

En les activitats d'expressió oral es donen models perquè els alumnes els puguin utilitzar en la seva interacció. En aquestes activitats els alumnes prenen riscos, utilitzen eines noves i es familiaritzen amb els continguts nous de la llengua.

Activitats per treballar el lèxic.

Activitats per reflexionar sobre l'ús dels continguts lingüístics. Amb un treball en col·laboració, els alumnes es fixen en el mecanisme d'aspectes lingüístics per entendre com s'utilitzen i per a què serveixen en la comunicació.

A les activitats de comprensió oral hi ha el número de la pista, per poder trobar-la fàcilment a l'apartat àudio, descarregable gratuïtament a www.pamsa.cat/pamsa/cataleg/A-punt-2-Curs-de-catala-Llibre-de-lalumne.html, o a les transcripcions. El material auditiu cobreix un ampli ventall de situacions comunicatives, per tal de poder desenvolupar la comprensió oral dels alumnes.

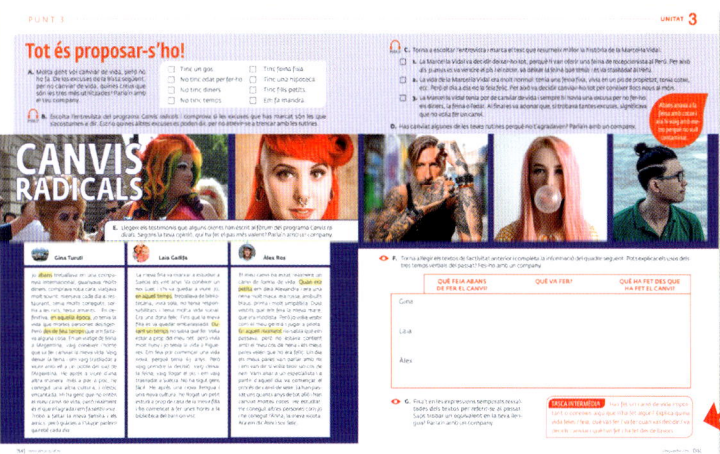

Al final de cada mòdul es proposa una tasca intermèdia. Són activitats que permeten utilitzar els continguts que s'han treballat durant la seqüència de cada punt per resoldre una situació comunicativa. També preparen per a la realització de les tasques finals.

És un moment perquè l'alumne faci un balanç dels continguts adquirits.

cinc [5]

A PUNT

PUNT SOCIOCULTURAL

Es presenten textos amb informació sobre aspectes socioculturals dels Països Catalans, relacionats amb el tema de la unitat.

Activitats de comprensió dels textos, per desenvolupar la reflexió, a partir del contrast, dels aspectes socioculturals dels Països Catalans i els de la cultura d'origen dels alumnes, per tal de desenvolupar la competència intercultural.

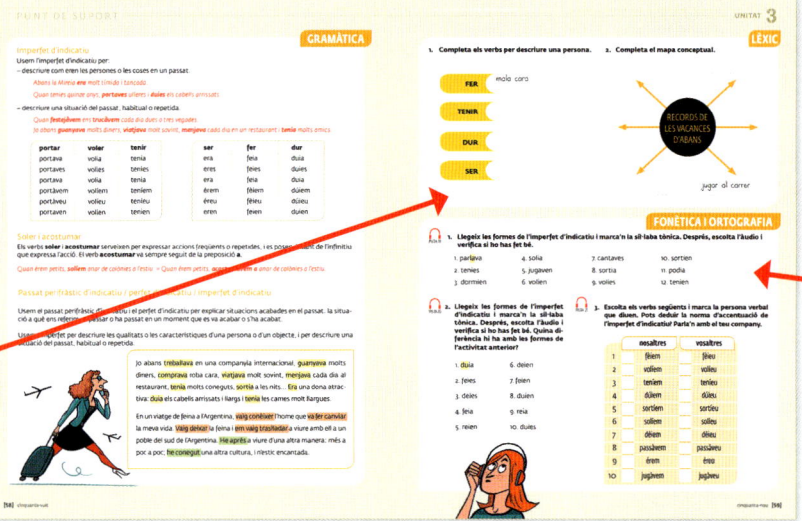

PUNT DE SUPORT

Es recullen els continguts lingüístics de la unitat, agrupats en: gramàtica, lèxic, fonètica i ortografia.

Activitats per recollir el lèxic tractat durant la unitat, segons les necessitats de l'alumne.

Paisatges

És un apartat dedicat específicament a determinats aspectes relacionats amb el coneixement dels Països Catalans. Proposa un tema cultural divers en cada nivell d'aprenentatge. En el primer nivell es tracten les festes tradicionals. En el segon nivell es presenta la diversitat i la riquesa de la geografia dels Països Catalans.

Activitats per treballar els textos, per ampliar i per contrastar els coneixements culturals de l'alumne.

ESTRUCTURA I DESENVOLUPAMENT

PUNT D'ARRIBADA

Les tasques finals recullen els continguts de la unitat per obtenir un producte, la qual cosa provocarà l'ús significatiu dels aspectes treballats i el desenvolupament de la competència comunicativa que l'alumne ha anat assolint.

Es presenten dues tasques finals: una de col·lectiva, per dur-la a terme en col·laboració: en grups o amb tota la classe, i una d'individual.

Activitats per practicar la pronunciació, l'entonació i l'ortografia, centrades en els aspectes més rellevants de la unitat, sempre tenint en compte el lèxic aparegut a la unitat.

Es demana a l'alumne que faci un balanç dels objectius que ha assolit i del que és capaç de fer. És l'eina per mesurar el progrés i les necessitats de l'alumne.

Es proposa una avaluació del procés de resolució de les tasques i una avaluació del resultat de la tasca dels companys.

Resum gramatical

Es recullen de manera esquemàtica els continguts gramaticals de les unitats, ordenats per ordre alfabètic.

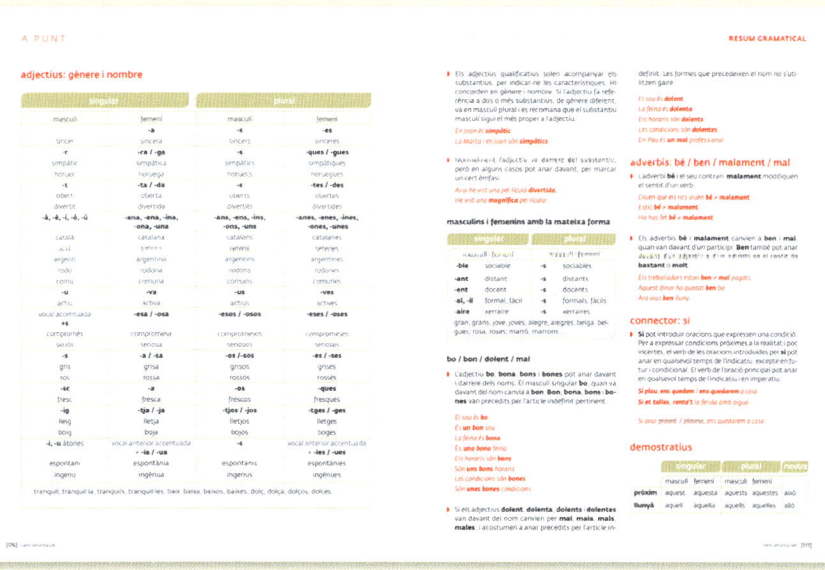

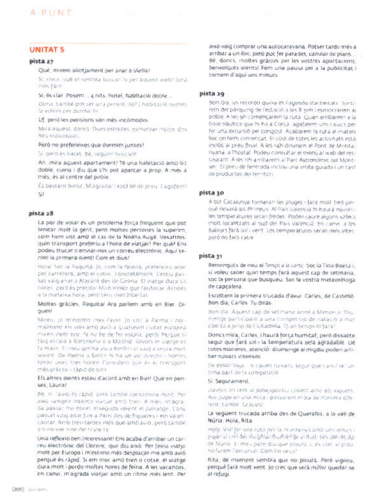

Transcripcions

Compendi de les transcripcions de tots els textos orals enregistrats del Llibre de l'alumne, que podeu descarregar gratuïtament a www.pamsa.cat.

set [7]

A PUNT

UNITAT	OBJECTIUS COMUNICATIUS	GRAMÀTICA
0 Oh, benvinguts!	▶ Demanar i donar informació personal ▶ Parlar de l'experiència com a aprenents de català ▶ Comunicar a classe	▶ Interrogatius ▶ Present d'indicatiu ▶ Passat perifràstic d'indicatiu
1 Primeres impressions ▶ Crear un esquetx sobre una situació compromesa ▶ Escriure un text per presentar-se i explicar la manera de ser	▶ Descriure persones per la manera de ser ▶ Parlar del significat del llenguatge no verbal ▶ Explicar una situació compromesa	▶ Adjectius: gènere i nombre ▶ Pronom feble: **ho** ▶ Present d'indicatiu: **ser**, **estar**, **semblar**
2 Fets i gent ▶ Fer un collage amb esdeveniments importants que han fet canviar el món ▶ Fer una llista de coses importants que ja s'han fet o que encara no s'han fet	▶ Explicar una notícia breu ▶ Demanar i donar informació sobre què ha fet algú recentment ▶ Demanar i donar informació sobre experiències passades ▶ Parlar de coses que encara no s'han fet o que ja s'han fet	▶ Perfet d'indicatiu i passat perifràstic d'indicatiu ▶ Participis ▶ Expressions temporals: **avui**, **ara**, **fins ara**, **fa una estona**, **ahir**, **abans-d'ahir**, **fa una setmana**... ▶ Demostratius: **aquest**, **aquesta**, **aquests**, **aquestes** + període de temps
3 Temps de canvis ▶ Presentar un cartell amb la descripció d'un joc de la infantesa ▶ Fer una descripció de quan eres petit, llegir les que han fet els companys i endevinar a qui correspon	▶ Descriure persones pel seu aspecte físic i per la seva manera de ser ▶ Explicar fets i rutines del passat ▶ Explicar canvis personals	▶ Imperfet d'indicatiu: **fer**, **dur**, **ser**, **tenir**, **soler**, **portar**... ▶ Passat perifràstic d'indicatiu, perfet d'indicatiu i imperfet d'indicatiu ▶ Estructures: **soler** / **acostumar a** + infinitiu
4 Com a casa, enlloc ▶ Proposar canvis per millorar l'espai en una casa ▶ Descriure la casa d'una persona famosa	▶ Descriure l'habitatge i l'entorn ▶ Demanar i donar informació sobre les característiques d'un habitatge ▶ Explicar com posar ordre en un espai ▶ Suggerir canvis en la distribució dels espais d'una casa	▶ Present d'indicatiu: **ser** i **haver-hi** ▶ Pronoms febles: **el**, **la**, **els**, **les** (darrere d'infinitiu), **ho**, **en** ▶ Perífrasi d'obligació en condicional: **haver de** + infinitiu

PROGRAMACIÓ

	LÈXIC	FONÈTICA I ORTOGRAFIA	CULTURA
	▶ Paraules en català ▶ Frases de classe	▶ Les lletres i els sons del català	▶ Imatges que es relacionen amb els Països Catalans
▶ Expressions temporals: **quan**, **al principi**, **aleshores**, **llavors**, **després** ▶ Recurs expressiu: **de veritat?**	▶ Adjectius per descriure el caràcter ▶ Noms de les parts del cos ▶ Verbs per descriure gestos	▶ La vocal **o** àtona i tònica	▶ Els tòpics o estereotips dels catalans
▶ Adverbis: **ja**, **encara no**, **mai** ▶ Pronoms febles: **el**, **la**, **els**, **les**, **hi**, **en** ▶ **Que** + adjectiu / adverbi ▶ **Quin**, **quina**, **quins**, **quines** + nom ▶ Recurs expressiu: **n'estàs segur?**	▶ Lèxic relacionat amb esdeveniments, experiències personals i notícies ▶ Adjectius per descriure el caràcter	▶ Enllaços fònics ▶ L'entonació neutra i exclamativa	▶ Les televisions públiques en llengua catalana ▶ El programa informatiu InfoK ▶ Persones destacades en diferents àmbits
▶ Expressions temporals: **abans**, **en aquell temps**, **en aquella època**, **durant una temporada**… ▶ Recurs expressiu: **sí, home!**	▶ Adjectius per descriure característiques físiques i maneres de ser ▶ Noms de jocs d'infants	▶ La síl·laba tònica de les formes de l'imperfet d'indicatiu	▶ Canvis socials als Països Catalans
▶ Demostratius: **això**, **allò**, **aquest**, **aquell** ▶ Expressions locatives: **a baix**, **a dalt**, **a mà dreta**, **a mà esquerra**, **al costat**, **al fons**… ▶ Recurs expressiu: **oi?**, **no?**	▶ Noms de les parts d'un habitatge ▶ Lèxic relacionat amb la decoració de l'habitatge ▶ Lèxic relacionat amb el sector immobiliari ▶ Verbs per indicar posar ordre	▶ El so de la lletra **l** i la combinació **ll**	▶ Arquitectes i edificis famosos

A PUNT

UNITAT	OBJECTIUS COMUNICATIUS	GRAMÀTICA
5 Fem les maletes! ▶ Proposar un lloc per anar de viatge i planificar-lo ▶ Dissenyar una ruta turística	▶ Explicar les preferències a l'hora de viatjar ▶ Explicar projectes de futur pròxim ▶ Descriure una ruta ▶ Demanar i dir la previsió meteorològica ▶ Expressar condicions	▶ Futur ▶ **Pensar** + infinitiu ▶ Connector: **si** ▶ Expressions temporals: **demà, demà passat, l'any que ve, aquest cap de setmana**… ▶ Recurs expressiu: **de debò?**
6 Tenir cura de la salut ▶ Fer una presentació sobre una addicció o problema de salut ▶ Escriure un text sobre una activitat física per a la Viquipèdia	▶ Descriure una addicció, un mal i una malaltia ▶ Expressar un estat d'ànim o un estat físic ▶ Descriure les activitats físiques per dur una vida saludable ▶ Donar consells	▶ **Ser** i **estar** + adjectiu / participi ▶ Condicional ▶ Estructures per aconsellar: **convenir** + infinitiu, **anar bé** + infinitiu ▶ Imperatiu ▶ Estructures: **fer-se mal, tenir mal de, fer mal** ▶ Recurs expressiu: **això rai!**
7 Feines de tota mena ▶ Escollir el millor candidat per a una feina ▶ Entrevistar una persona que ha canviat de feina	▶ Demanar i dir a què es dedica algú ▶ Demanar i dir en què consisteix una feina ▶ Entendre i explicar els requisits necessaris per a una feina ▶ Demanar i donar informació sobre els estudis i l'experiència professional	▶ Adjectius: **bo, bon, dolent, mal** ▶ Adverbis: **bé, ben, malament, mal** ▶ Present de subjuntiu: **parlar, ser, tenir, poder, fer, saber**. ▶ Estructures per expressar obligació, necessitat…: **és necessari, és**
8 I si sortim? ▶ Organitzar una trobada per fer una activitat de lleure ▶ Fer la descripció d'un lloc que t'agradi molt i explicar com s'hi va	▶ Donar informació sobre activitats de lleure i fer-ne valoracions ▶ Fer propostes i contrapropostes per fer activitats conjuntament ▶ Acceptar o rebutjar propostes o invitacions ▶ Donar indicacions per anar a un lloc	▶ Pronoms febles: **el, la, els, les, ho** ▶ **Preferir, estimar-se més, agradar més** ▶ Formes verbals amb pronoms d'objecte indirecte: **anar bé, semblar bé, venir de gust**…
9 Fem vida social? ▶ Organitzar un acte per celebrar el final de curs ▶ Explicar com se celebra una festa en diferents llocs	▶ Reaccionar davant de diferents situacions socials: aniversaris, enterraments, casaments… ▶ Demanar i donar informació sobre l'organització d'un acte ▶ Demanar favors, permisos i oferir-se a fer una cosa ▶ Donar excuses	▶ Estructures per demanar favors, permís i oferir ajuda: **et fa res** + infinitiu / **que** + present de subjuntiu / **si** + present d'indicatiu, **vols que** + present de subjuntiu

PROGRAMACIÓ

	LÈXIC	FONÈTICA I ORTOGRAFIA	CULTURA
	▶ Lèxic relacionat amb els viatges i els serveis turístics ▶ Els mitjans de transport ▶ Lèxic relacionat amb el temps meteorològic	▶ La síl·laba tònica i l'accentuació gràfica de les formes del futur ▶ L'entonació de frases exclamatives	▶ Rutes literàries
	▶ Adjectius relacionats amb el caràcter i l'estat anímic ▶ Noms de les parts del cos ▶ Noms per indicar mals, malalties, símptomes i medicaments ▶ Verbs relacionats amb l'activitat física	▶ La síl·laba tònica de les formes del condicional ▶ L'entonació de frases imperatives ▶ L'apostrofació dels pronoms	▶ El sistema sanitari català
▶ **imprescindible**… + infinitiu / **que** + present de subjuntiu ▶ Perífrasi d'obligació en present d'indicatiu: **caldre** + infinitiu / **que** + present de subjuntiu ▶ Recurs expressiu: **ves per on!**	▶ Lèxic relacionat amb les professions i la feina	▶ La pronunciació del present de subjuntiu ▶ La vocal neutra de **que** ▶ La pronunciació de **bo**, **bon**, **bé**, **ben**	▶ L'ofici de marger ▶ Oficis que desapareixen
▶ Imperatiu ▶ **Quan** + present de subjuntiu ▶ Recurs expressiu: **au, vinga!**	▶ Lèxic relacionat amb el món del lleure ▶ Expressions per indicar hores i temps de manera imprecisa: **a les set tocades**, **a quarts de vuit**… ▶ Lèxic per donar indicacions per anar a un lloc	▶ L'entonació de les frases per fer propostes	▶ Festivals dels Països Catalans
▶ Present de subjuntiu ▶ Perífrasi: **estar** + gerundi ▶ Formació del gerundi ▶ Recurs expressiu: **què dius?**	▶ Lèxic relacionat amb esdeveniments socials ▶ Expressions per reaccionar: **per molts anys**, **enhorabona**, **felicitats**…	▶ La vocal **e** tònica i àtona	▶ Costums culturals a diferents països ▶ El significat dels colors

0 Oh, benvinguts!

PUNT DE PARTIDA

Empremtes

A. Tria un company de classe, presenta't i explica-li quins dels aspectes següents t'han cridat l'atenció del català.

- [ ] UNA PARAULA
- [ ] UNA CANÇÓ
- [ ] UNA TRADICIÓ
- [ ] UN PERSONATGE
- [ ] UN LLOC
- [ ] UN MENJAR
- [ ] UNA PINTURA
- [ ] UN LLIBRE
- [ ] UN PAISATGE
- [ ] UN EDIFICI

B. Contesta el test següent. Et pots ajudar amb les fotografies. Després compara les teves respostes amb les del teu company.

1. L'escultura de Joan Miró es diu…
   - [ ] **a.** Dona i ocell.
   - [ ] **b.** La carícia d'un ocell.
   - [ ] **c.** Ocell solar.

2. L'autora de la novel·la *La plaça del Diamant* és…
   - [ ] **a.** Isabel-Clara Simó.
   - [ ] **b.** Maria Barbal.
   - [ ] **c.** Mercè Rodoreda.

3. Podem sentir habitualment **al·lot / al·lota**, per referir-se a una persona jove, a…
   - [ ] **a.** Barcelona.
   - [ ] **b.** Palma.
   - [ ] **c.** València.

4. *L'Empordà* és una cançó del grup…
   - [ ] **a.** Obrint Pas.
   - [ ] **b.** Antònia Font.
   - [ ] **c.** Sopa de Cabra.

5. L'orxata…
   - [ ] **a.** és una beguda típica del País Valencià.
   - [ ] **b.** són unes postres típiques de la Catalunya del Nord.
   - [ ] **c.** és una amanida típica de la Franja de Ponent.

C. Busca una imatge que relacionis amb els Països Catalans i presenta-la als teus companys.

PUNT 1

Coneguem-nos una mica!

A. Escriu la resposta que et suggereix cada un dels conceptes de la llista següent, per saber com et defineixes. Compara les teves respostes amb les d'un company i explica la teva tria.

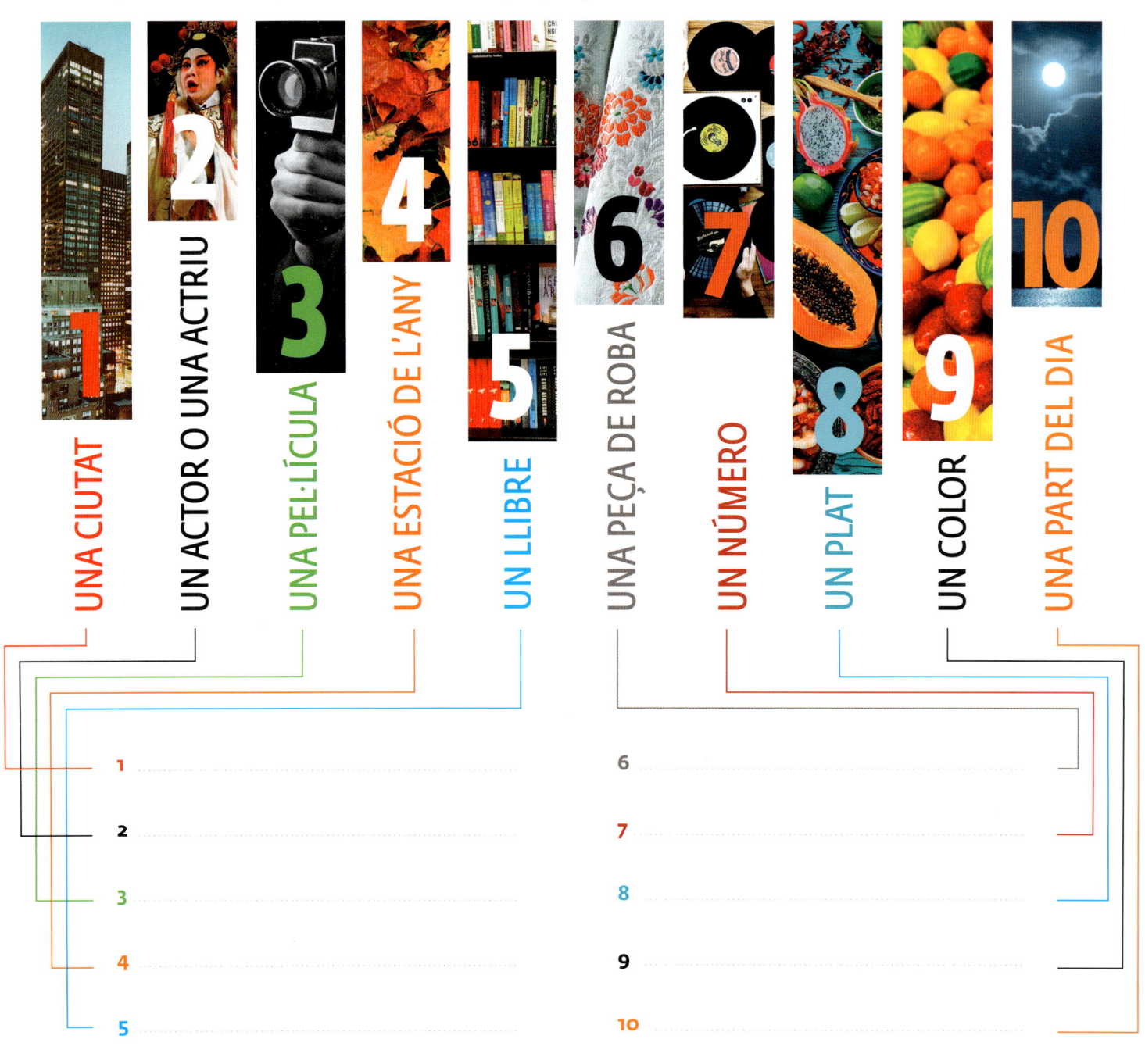

1. UNA CIUTAT
2. UN ACTOR O UNA ACTRIU
3. UNA PEL·LÍCULA
4. UNA ESTACIÓ DE L'ANY
5. UN LLIBRE
6. UNA PEÇA DE ROBA
7. UN NÚMERO
8. UN PLAT
9. UN COLOR
10. UNA PART DEL DIA

1 .....
2 .....
3 .....
4 .....
5 .....
6 .....
7 .....
8 .....
9 .....
10 .....

B. Entre tots, demaneu la mateixa informació al professor i apunteu-la. Teniu gustos similars?

> A la professora, a la Genji i a mi ens agrada el color groc.

[14] catorze

UNITAT 0

C. Dibuixa tres moments importants de la teva vida. Pots escriure-hi noms, dates, paraules, etc. Comparteix el dibuix amb un company i interpreta què li ha passat.

> Vas néixer el 1999.

> No, el 1999 va néixer el meu germà.

ESTIU 2015
BRASIL
MIQUEL
1999

D. Quina informació voldries saber sobre la vida del teu company? Escriu les preguntes, demana-li la informació i anota les respostes.

Quants germans tens? ....
Treballes? ....
T'agrada fer esport? ....
On vius? ....

E. Escriu la informació que t'ha sorprès del teu company en un full, i fes un dibuix que acompanyi la informació. Penja el full a la classe.

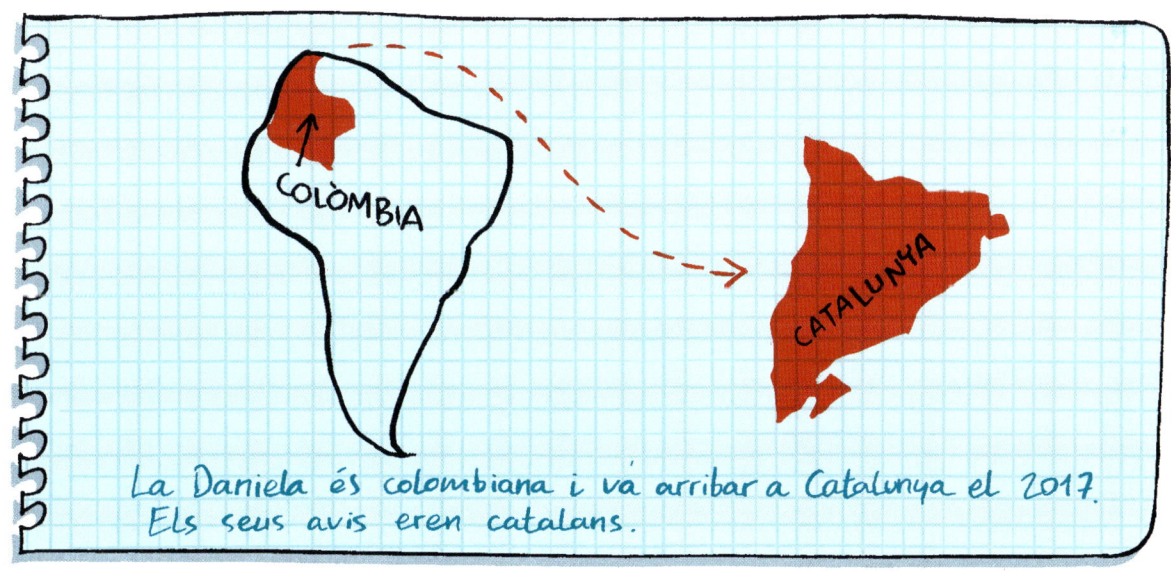

La Daniela és colombiana i va arribar a Catalunya el 2017. Els seus avis eren catalans.

quinze [15]

PUNT 2

Com i per què aprenem?

A. Llegeix la informació que va elaborar un grup d'alumnes de català, i comenta-la amb el teu company.

Motius per estudiar català

- PERQUÈ TINC RELACIÓ AMB GENT DE PARLA CATALANA
- PERQUÈ EL NECESSITO O EL NECESSITARÉ A LA FEINA
- PERQUÈ M'AGRADEN LES LLENGÜES
- PERQUÈ VISC O VULL ANAR A VIURE EN UN LLOC ON ES PARLA CATALÀ
- PERQUÈ ELS MEUS FILLS VAN A UNA ESCOLA CATALANA

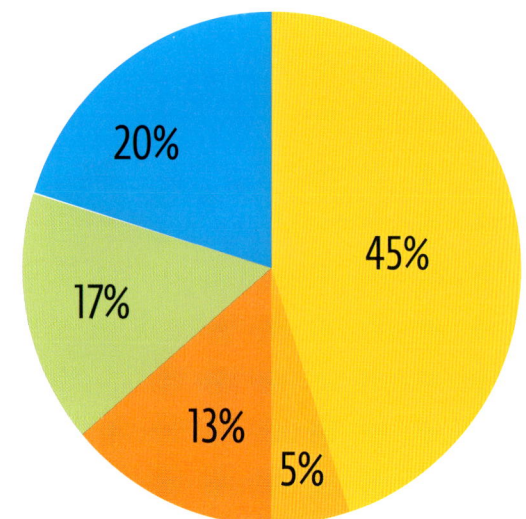

45% / 20% / 17% / 13% / 5%

Activitats que agraden

- ESCRIURE TEXTOS A CLASSE O A CASA
- FER TRADUCCIONS
- PARLAR EN CATALÀ DE TEMES D'INTERÈS PERSONAL
- FER ACTIVITATS EN GRUPS
- DEDUIR LES NORMES DE LA LLENGUA
- COMPARAR EL CATALÀ AMB LA LLENGUA MATERNA
- JUGAR EN CATALÀ
- FER PRESENTACIONS DE TEMES D'INTERÈS GENERAL A CLASSE
- PARLAR DE TEMES SOCIOCULTURALS DELS PAÏSOS CATALANS
- ENREGISTRAR CONVERSES

Estratègies per aprendre una llengua

- LLEGIR MOLT FORA DE CLASSE: NOTÍCIES, CARTELLS, ANUNCIS, ETC.
- FER MOLTS EXERCICIS DE GRAMÀTICA.
- FER LLISTES DE LÈXIC.
- ESCOLTAR CATALÀ QUAN PUC: CANÇONS, SÈRIES, PEL·LÍCULES, PODCASTS, ETC.
- UTILITZAR LA LLENGUA FORA DE CLASSE.
- CONSULTAR UNA BONA GRAMÀTICA I UN BON DICCIONARI.
- ESTUDIAR CADA DIA.

UNITAT 0

 B. Escolta les explicacions d'alguns estudiants de català i completa la informació.

Andrea

Per què estudia català?
....
....

Quant temps fa que estudia català? ....
....

Què li agrada? ....
....

Què no li agrada? ....
....

Estratègies que utilitza ....
....

Amira

Per què estudia català?
....
....

Quant temps fa que estudia català? ....
....

Què li agrada? ....
....

Què no li agrada? ....
....

Estratègies que utilitza ....
....

Lars

Per què estudia català?
....
....

Quant temps fa que estudia català? ....
....

Què li agrada? ....
....

Què no li agrada? ....
....

Estratègies que utilitza ....

C. Amb quina persona de l'activitat anterior tens més coses en comú? Parla'n amb un company.

> Al Lars i a mi no ens agrada fer exercicis gramaticals.

disset [17]

PUNT 3

El significat de les paraules

 A. Llegeix les frases següents, comenta'n el significat amb un company i completeu els diàlegs amb una d'aquestes frases. Escolteu els diàlegs per comprovar si ho heu fet bé.

> **a.** Puc sortir de classe?
>
> **b.** No ho he entès.
>
> **c.** Quina pàgina ha dit?
>
> **d.** Què hi posaries?
>
> **e.** Són sinònims?
>
> **f.** Doncs, acosta't!

1. –Vols fer l'activitat amb mi?
  –Sí, és clar.
  – ....

2. – ....
  –Sí, sí, cap problema.
  –És que he d'anar al lavabo.

3. – ....
  –No pateixis. Ara t'ho torno a explicar.
  –Gràcies.

4. – ....
  –Crec que la 56, l'activitat B.
  –Ah, sí! Gràcies.

5. –D'hora i *aviat*. ....
  –Sí, tenen el mateix significat. I el contrari és *tard*.

6. –Mira aquesta frase: *Ahir vaig arribar* o *he arribat*? ....
  –*Vaig arribar* perquè és *ahir*.
  –Ah, és veritat!

Pots tornar-ho a explicar?

B. En grups, feu una llista de frases que podeu necessitar a classe per parlar amb els companys o el professor. Si no sabeu com es diuen en català, demaneu-ho al professor.

C. Escriu tres paraules o expressions que t'agraden en català. En grups, expliqueu-vos-en el significat, com s'escriuen, com es tradueixen en altres llengües i per què us agraden.

D. En grups, trieu una paraula en català i feu un mapa conceptual amb les paraules i expressions que s'hi poden relacionar, quan la utilitzem, etc. Podeu acompanyar el mapa amb il·lustracions. Presenteu-lo als altres grups.

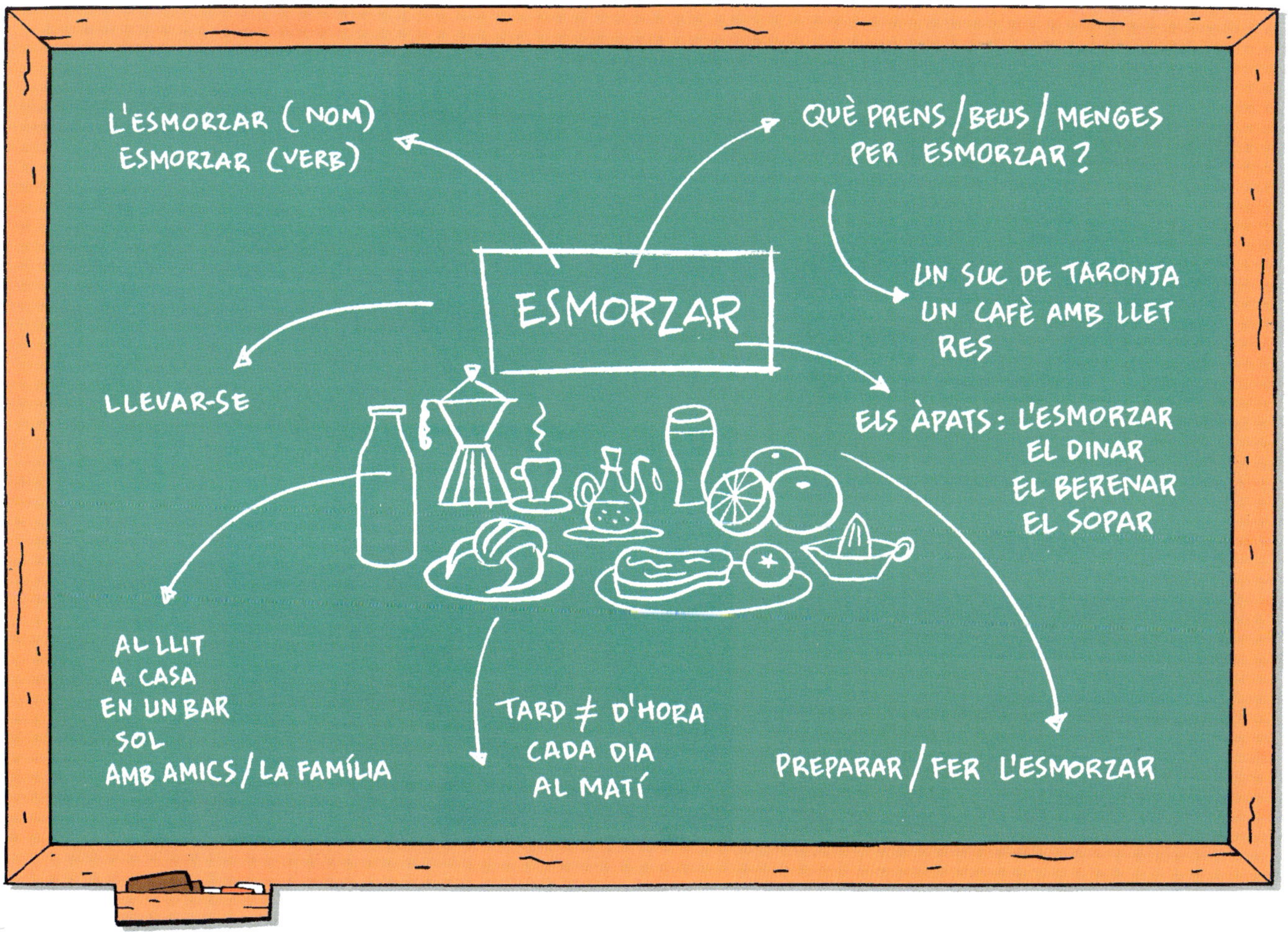

1 Primeres impressions

EMMA

BIEL

AINA

BERTA

SANTI

CONXA

MARINA

MARTÍ

TASQUES INTERMÈDIES

- Escriure un comentari sobre una persona i acompanyar-lo amb una foto
- Elaborar una llista de gestos
- Fer un podcast per a un programa de ràdio

PUNT DE PARTIDA

TASQUES FINALS
- Crear un esquetx sobre una situació compromesa
- Escriure un text per presentar-se i explicar la manera de ser

Qüestió de caràcter

A. Observa les fotografies d'Instagram. Com descriuries aquestes persones? Pots utilitzar els adjectius següents o d'altres que coneguis. Busca'n un equivalent en la teva llengua.

- EXTRAVERTIT
- ALEGRE
- ANTIPÀTIC
- OBERT
- AMABLE
- SOCIABLE
- SIMPÀTIC
- SERIÓS
- INTROVERTIT
- TÍMID

ALBERT

FRANCESC

CARLOTA

B. De les persones de les fotografies, quina triaries per fer alguna activitat? Per què? Parla'n amb el teu company.

> Jo, prendre alguna cosa amb la Carlota, perquè sembla una persona molt sociable.

> Doncs jo, amb el Martí.

	NOM	SEMBLA
Prendre alguna cosa amb		
Fer un intercanvi lingüístic amb		
Treballar amb		
Assistir a un espectacle amb		
Organitzar una festa amb		
Anar de viatge amb		

vint-i-u [21]

PUNT 1

El meu perfil

A. Fas servir les xarxes socials? Quina foto tens al teu perfil? Per què l'has triat? Comenta-ho amb el teu company.

B. Llegeix l'article sobre les fotos que acompanyen els perfils i relaciona cada paràgraf amb cada una de les imatges. Compara els resultats amb els d'un company.

> Jo faig servir WhatsApp i tinc una foto del meu gos, perquè és un més de la família.

La foto que s'utilitza del perfil a les xarxes socials diu molt de la nostra personalitat. Com és la teva? El tipus d'imatge que triem revela molta informació psicològica, sobre la nostra manera de ser.

1 Mostra una imatge de cara
Només mostra el seu rostre, en una imatge centrada, sense retocs i somrient. És una persona segura de si mateixa, valenta i amb necessitat d'expressar el seu jo real. És algú sincer i transparent.

2 Mostra una imatge amb la cara girada
La gent que ensenya el seu rostre parcialment girat i no mira la càmera és gent que sembla extravertida, però és reservada, insegura i vol ocultar el que no accepta.

3 Mostra una imatge retocada
Les persones que pengen fotos retocades, artístiques o muntatges en blanc i negre, clarament volen projectar una imatge millor de la que perceben d'elles mateixes. Semblen persones a qui importa molt l'opinió dels altres; en canvi, són sensibles, crítiques amb tothom i una mica egocèntriques.

4 Mostra personatges de ficció
Els que opten per imatges de personatges ficticis no volen deixar-se endur per ningú. Semblen persones introvertides i tímides, però són persones decidides i franques.

5 Mostra una imatge de la infantesa
Si mostren una imatge de quan eren petits són persones nostàlgiques, que enyoren la infantesa. A vegades es tracta de persones una mica immadures.

6 Exhibeix una imatge de la mascota
Els que hi posen mascotes són persones orgulloses del seu animal. Si hi tenen una fotografia d'aquest tipus, vol dir que són generoses, bondadoses i que sempre estan disposades a donar un cop de mà a qui més ho necessita.

7 Mostra una imatge on fa ganyotes
Les fotos de cares que mostren excessives mostres emocionals o gestos graciosos volen donar una imatge de naturalitat i són feliços així. Solen ser espontànies, sociables i divertides, però, en el fons, amaguen un cor que necessita molta atenció.

8 Mostra un text
Els que pengen frases o opinions en la seva foto del perfil volen que predominin més els seus valors com a persona que la seva imatge i són exigents. "No et fixis en mi pel que soc, sinó pel que penso."

C. Busca, en els textos anteriors, adjectius que serveixen per descriure persones. Saps què volen dir? Completa el quadre amb el teu company. Ajuda't del diccionari, si ho necessites.

QUALITATS	DEFECTES

D. Fixa't en els verbs **ser** i **semblar** dels textos de l'activitat **B**. Quina diferència de significat hi ha? Funcionen de la mateixa manera en la teva llengua?

E. Quines són les teves qualitats i/o els teus defectes d'acord amb la descripció de com ets segons la teva foto del perfil? Parla'n amb el teu company.

> Jo estic d'acord amb el text, perquè soc una persona nostàlgica i m'agrada recordar el passat.

> Doncs jo no. Diu que semblo tímid, però que soc decidit, i jo no soc gaire decidit.

UNITAT 1

Et vull conèixer...

A. Quines característiques valores en un amic? I en una parella? Parla'n amb el teu company i escriviu-ne tres. Després compareu-les amb les de la resta de la classe.

PISTA 3 B. L'Aniol ha creat un perfil a una xarxa social per trobar parella i ha rebut tres missatges de veu de persones que estan interessades a conèixer-lo. Amb qui creus que podria avenir-se més? Escolta els missatges i parla'n amb el teu company.

C. L'Aniol té una cita amb una de les tres noies. Llegeix els missatges que escriu a un amic. Amb quina noia ha quedat? Creus que tindran una segona cita? Comenta-ho amb el teu company.

> Jo valoro les persones sinceres.

> Doncs jo, les persones que són divertides.

Nom Aniol

Soc un noi amb ganes de conèixer gent nova, amb interessos en temes socials. Soc valent, decidit, obert i generós. M'agrada la feina que faig i col·laborar amb el meu granet de sorra a tenir un món millor i més just. M'encanta fer activitats a l'aire lliure: fer senderisme, esquiar i muntar a cavall.

Aniol — última vegada avui a les 17:00

- Estic supernerviós.
- Com?! Però si tu ets la persona més tranquil·la que conec!
- No, no, de veritat que ho estic...
- Per què?
- Perquè aquesta noia m'agrada de debò i no vull cagar-la. Semblo ximple!
- No, home, no! No ho ets i no ho sembles. Això és inseguretat.

Robert — última vegada avui a les 19:00

- Què! Com va?
- Estic histèric!!! No ha vingut encara... Diu que arriba una mica tard.
- Doncs és una mica impuntual, oi?
- Potser sí que ho és, però es veu que té problemes amb el vol. Ve de les illes avui mateix.

Aniol — última vegada avui a les 20:30

- Ei, què?
- Uf, no me'n parlis. M'acaba d'enviar un missatge per dir-me que millor que no quedem, perquè està cansada del viatge.
- Quina tia! És una impresentable! I com estàs?
- Estic fotut.
- Passa d'ella.
- Però és que per telèfon sembla tan divertida...
- Doncs a mi no m'ho sembla; jo no me'n refiaria.
- No sé si proposar-li de quedar demà. Què en penses?
- Penso que és molt generós de part teva i també que ets molt innocent i ingenu!

D. Subratlla, en els textos anteriors, les frases que expressen com és l'Aniol i com està en el moment que escriu. Completa la norma següent amb **ser** o **estar**. Parla'n amb el teu company.

> Per parlar de les característiques definitòries d'una persona, fem servir ....
>
> Per parlar d'un estat transitori, com l'estat d'ànim, fem servir ....

E. Busca en els missatges anteriors el pronom **ho**. Amb quins verbs s'utilitza i què substitueix? Com es fa aquesta estructura gramatical en la teva llengua? Parla'n amb el teu company.

TASCA INTERMÈDIA Escriu un comentari per acompanyar la teva fotografia del perfil. Explica com ets, com sembla que ets i com estàs avui. Comparteix el comentari amb els teus companys.

vint-i-tres [23]

PUNT 2

La importància dels gestos

A. Ets una persona que gesticules molt o poc, quan parles? Per tu, els gestos de les imatges següents són positius o negatius?

8 gestos que tenen significats diferents en països diversos.

Tancar el puny i estirar el polze. En alguns països s'utilitza per dir que estàs d'acord amb algú. En canvi, a l'Iran, a Grècia i en alguns països de l'Àfrica occidental és un insult.

Creuar els dits. En la majoria dels països occidentals, s'utilitza per tenir sort. Però al Vietnam és millor no fer-ho: és una ofensa, ja que assenyala els genitals femenins.

Fer una V amb els dits és un signe de victòria i pau en alguns països o una manera de saludar a les fotografies, com al Japó. Però al Regne Unit, a Nova Zelanda, a Austràlia i a Irlanda és un insult.

Obrir la mà i mostrar el palmell en senyal d'estop serveix per parar un taxi, per exemple. Però és millor no fer-ho a Grècia: simbolitza enviar una persona a l'infern.

Moure el dit índex per cridar algú. A les Filipines aquest moviment només s'utilitza per cridar els gossos. Qui el fa servir per cridar una persona es pot enfrontar a penes de presó.

Mirar als ulls. És un gest de franquesa en les cultures occidentals, però a l'Àsia o l'Orient Mitjà pot ser entès com una falta de respecte o com una mostra d'interès sexual.

Tocar el cap. Es considera una falta de respecte en països asiàtics, ja que en la cultura budista aquesta part del cos es considera sagrada.

Moure el cap amunt i avall. En la majoria de països, dir "sí" amb el cap se simbolitza movent-lo amunt i avall, i per dir "no", d'esquerra a dreta. En canvi a Bulgària és al contrari.

B. En grups de quatre. Cada persona llegeix dos textos. A continuació, expliqueu-vos què signifiquen els gestos en diferents cultures. Coincidiu amb els significats dels gestos descrits?

UNITAT 1

C. Amb un company, trieu la resposta més adequada del test següent, sobre llenguatge corporal. Compareu les vostres respostes amb les d'una altra parella.

1. Plegar els braços pot voler dir que una persona és
   - a. agressiva
   - b. antipàtica
   - c. distant
   - d. insegura

2. Donar la mà fluixa pot significar que algú és
   - a. feble
   - b. ingenu
   - c. generós
   - d. reservat

3. Ocupar l'espai íntim, situar-se a menys de 45 cm, pot semblar ser
   - a. sincer
   - b. decidit
   - c. egocèntric
   - d. irrespectuós

4. Tocar-se el nas pot voler dir que una persona
   - a. dubta
   - b. menteix
   - c. s'adorm
   - d. s'avorreix

5. Moure el peu sense parar pot significar que algú és
   - a. espontani
   - b. impacient
   - c. tranquil
   - d. valent

6. Creuar les cames pot significar una actitud de
   - a. control
   - b. defensa
   - c. felicitat
   - d. seguretat

7. Aguantar-se el cap pot significar
   - a. desinterès
   - b. exigència
   - c. superioritat
   - d. respecte

D. Busca, en els textos de les activitats **A** i **C**, verbs per descriure gestos i una part del cos.

> tancar el puny i estirar el polze,

E. Escolta l'entrevista a la doctora Júlia March per comprovar si les teves hipòtesis sobre la gestualitat són certes. Parla'n amb el teu company.
PISTA 4

TASCA INTERMÈDIA En parelles, recolliu informació de dos o tres gestos de la vostra cultura, feu-ne una descripció escrita i il·lustreu-los amb una imatge. Presenteu-los als altres companys. Decidiu quin és el gest més universal i quin és el més curiós de tots els que s'han presentat a la classe.

PUNT 3

Situacions compromeses

A. Què fas en les situacions descrites al quadre? Parla'n amb un company.

EM DISCULPO

EM POSO VERMELL / VERMELLA

EM POSO A RIURE

PLORO

EM VULL FONDRE

B. Llegeix els textos del blog en què tres persones expliquen una situació compromesa i relaciona'ls amb el títol corresponent. Quina situació et sembla més compromesa?

❶ LLENGÜES ROMÀNIQUES

○ Un dia vaig anar a buscar el meu nebot Andreu a l'escola i em va voler presentar un company seu. Llavors, un senyor gran, familiar del nen, es va acostar per conversar amb nosaltres. Al cap d'uns minuts, vaig dir-li a l'amic de l'Andreu: "Que afortunat! Quin avi tan simpàtic que tens". Immediatament, el nen, molt enfadat, em va respondre: "No és el meu avi, és el meu pare!". La veritat és que em vaig posar vermella. Em vaig sentir ben ridícula, perquè vaig ser conscient dels meus prejudicis!

❷ FALSES APARENCES

○ La meva cap em va demanar una feina a última hora, just abans de marxar cap a casa. Em va molestar molt, perquè soc una persona molt organitzada i no m'agrada haver de córrer. Llavors vaig recordar una cita planificada amb les meves amigues i els vaig escriure un correu electrònic per cancel·lar-la. En aquell missatge vaig aprofitar per criticar el comportament de la meva cap, però amb les presses li vaig enviar el missatge a ella. De seguida vaig rebre un missatge de disculpa de la meva cap. En aquell moment em vaig voler fondre, i vaig contestar-li de seguida per demanar-li perdó.

❸ PER UN CLIC

○ Quan vaig arribar del Pakistan em vaig matricular a classes de català en una escola d'idiomes. El primer dia de classe vaig arribar a l'escola i vaig anar directament a l'aula. Vaig seure i de seguida va arribar el professor. Es va presentar i vam fer una activitat per aprendre a presentar-nos. Després va passar llista, però no hi va trobar el meu nom. Li vaig ensenyar la matrícula i es va posar a riure. Aquella classe era de llengua portuguesa. Em vaig posar vermell i em vaig disculpar. El professor em va acompanyar a l'aula de català. Ara sé presentar-me en portuguès.

UNITAT 1

QUEDO CALLAT / CALLADA

EM POSO A PARLAR DESCONTROLADAMENT

- Trucar per telèfon al número equivocat diverses vegades
- Parlar amb algú que té alguna resta de menjar entre les dents
- Ensopegar pel carrer
- Dur enganxat paper de vàter a la sabata
- Saludar algú a qui no coneixes per equivocació
- Fer una broma i adonar-te que ningú riu
- Quedar amb algú i quedar-te sense tema de conversa
- Confondre un client amb un dependent d'una botiga i demanar-li ajuda

> Quan truco diverses vegades al número equivocat, em disculpo de seguida.
>
> Jo també.

C. I a tu, quines situacions et produeixen sentiments com els que hi ha a continuació? Parla'n amb un company.

Em poso nerviós / nerviosa	
Em poso content / contenta	quan / si...
Em poso trist / trista	

> Em poso nerviosa quan haig de parlar en públic. I tu?

 D. El programa de ràdio *Sense paraules* recull anècdotes de moments en què els oients han passat molta vergonya. Escolta la narració i marca quines de les informacions són veritables o falses.

PISTA 5

		V	F
1.	La situació que recorda la Raquel la va fer riure i no va passar vergonya.	☐	☐
2.	La Raquel està més nerviosa ara que parla per ràdio que quan li va passar l'accident de les mitges.	☐	☐
3.	Els alumnes es van posar a riure immediatament quan li van caure les mitges.	☐	☐
4.	Quan la Raquel va veure que els alumnes la miraven es va posar a plorar.	☐	☐
5.	Finalment la Raquel va saber resoldre la situació compromesa i fer-ne broma.	☐	☐

 E. Torna a escoltar l'anècdota i fixa't com s'utilitzen les expressions temporals següents. Escriu una frase a continuació de cada temporal. Com les traduiries a la teva llengua? Parla'n amb un company.

PISTA 5

quan: ....
al principi: ....
aleshores: ....
llavors: ....
després de: ....

TASCA INTERMÈDIA Quin és el dia que vas passar més vergonya? Enregistra una nota de veu per explicar què va passar. Passa'l a la resta de companys. En grups, trieu la situació més compromesa de la classe.

PUNT SOCIOCULTURAL

Típic i tòpic

El catalanet es mira al mirall i vol agradar-se, i no sap si s'agrada. Es pregunta si agradarà a la gent amb qui es creui pel carrer. Distingeix just a temps aquells cabells fora de lloc, just darrere de l'orella i els allisa perquè no sobresurtin. Està una mica angoixat, perquè imagina't que algú s'adoni que va despentinat.

La roba, bé. Correcta. Ni molta ni poca. Sobretot, no pot ser gaire vistosa. No sigui cas que es pensin que va disfressat. Res estrident ni llampant. Una cosa discreta, que no es pensin que va de casori o a algun comiat de solter, o a qualsevol extravagància per l'estil.

Adaptat de "La sardana" d'Andreu Martín dins *Vols dir que som això? 25 peces literàries per intentar saber com som*. Llegir en català.

UNITAT 1

Li agrada pensar que la gent el considera assenyat, prudent, mesurat, just, equànime, dialogant i respectuós amb les opinions dels altres. Parlant, la gent s'entén. El diàleg és garantia de llibertat. No pot suportar els prepotents que viuen en un món en què allò que no està prohibit és obligatori.

El catalanet no pot suportar aquelles persones que tota l'estona presumeixen del que tenen, i en fan ostentació, i no paren de dir que són els més intel·ligents, els més moderns i que tot allò que surt del seu país és el millor del món. Ben al contrari, està obert a totes les cultures i, si a algú no li agrada la sardana, no li agrada; perquè vol tenir la llibertat de manifestar els seus gustos. I és sincer, i per això ho diu ben clar.

A. Coneixes algun tòpic o estereotip sobre els catalans, quin? Parla'n amb un company.

> Diuen que els catalans són estalviadors.
>
> De veritat?

B. Llegeix el text literari en què es retrata en clau d'humor un català "típic". Quins són els principals trets del caràcter dels catalans, segons el text? Parla'n amb un company.

C. Fixa't en els adjectius que s'utilitzen al text per descriure com és el "típic" català, i busca'n el significat. Creus que són positius o negatius? Com els utilitza l'autor?

D. En grups, busqueu per internet el significat i l'origen de tres dels tòpics següents, i expliqueu-los als altres grups. En coneixeu d'altres?

UN PAÍS DE TÒPICS

L'Empordà: "A l'Empordà, tocats per la tramuntana."

Catalunya del Nord: "A Perpinyà ja no es parla català."

Comarques gironines: "A Girona, rai!"

Barcelona: "Can Fanga."

Baix Camp: "Reus, París, Londres."

Baix Ebre: "Tortosins, ni catalans, ni valencians."

Maresme: "A Mataró tenen el cap gros."

Osona: "A Vic, llonganisses, frares i misses."

Mallorca: "L'illa de la calma."

País Valencià: "L'horta de València és un verger."

Vallès Occidental: "Els senyors de Terrassa i els homes de Sabadell."

Comarques de Ponent: "La boira és nostra."

E. Explica un tòpic sobre el teu lloc d'origen o d'un altre lloc que coneguis, i presenta'l als teus companys.

vint-i-nou [29]

PUNT DE SUPORT

GRAMÀTICA

Adjectius per descriure el caràcter

singular		plural		singular		plural	
masculí	**femení**	**masculí**	**femení**	**masculí**	**femení**	**masculí**	**femení**
	-a	-s	-es	-l	-l·la	-s	-l·les
sincer	sincera	sincers	sinceres	tranquil	tranquil·la	tranquils	tranquil·les
tímid	tímida	tímids	tímides	-u	-va	-s	-ves
immadur	immadura	immadurs	immadures	actiu	activa	actius	actives
segur	segura	segurs	segures	**vocal accentuada** +s	-esa / -osa	-esos / -osos	-eses / -oses
insegur	insegura	insegurs	insegures				
valent	valenta	valents	valentes	compromès	compromesa	compromesos	compromeses
-c	**-ca**	**-s**	**-ques**	seriós	seriosa	seriosos	serioses
nostàlgic	nostàlgica	nostàlgics	nostàlgiques	generós	generosa	generosos	generoses
simpàtic	simpàtica	simpàtics	simpàtiques	bondadós	bondadosa	bondadosos	bondadoses
crític	crítica	crítics	crítiques	irrespectuós	irrespectuosa	irrespectuosos	irrespectuoses
antipàtic	antipàtica	antipàtics	antipàtiques	**-st**	**-a**	**-os**	**-es**
egocèntric	egocèntrica	egocèntrics	egocèntriques	trist	trista	tristos	tristes
histèric	histèrica	histèrics	histèriques	**-sc**	**-a**	**-os**	**-ques**
-t	**-ta / -da**	**-s**	**-tes / -des**	fresc	fresca	frescos	fresques
obert	oberta	oberts	obertes	**-i, -u** àtones	**vocal anterior accentuada** + -ia / -ua	**-s**	**vocal anterior accentuada** + -ies / -ues
divertit	divertida	divertits	divertides				
decidit	decidida	decidits	decidides				
decebut	decebuda	decebuts	decebudes	espontani	espontània	espontanis	espontànies
reservat	reservada	reservats	reservades	ingenu	ingènua	ingenus	ingènues
extravertit	extravertida	extravertits	extravertides				
introvertit	introvertida	introvertits	introvertides				

	masculí i femení singular	**masculí i femení plural -s**
-ble	amable, sensible, sociable, feble, impresentable	amables, sensibles, sociables, febles, impresentables
-ant, -ent	distant, transparent, exigent, impacient, innocent	distants, transparents, exigents, impacients, innocents
-al, -il	impuntual, formal, dèbil	impuntuals, formals, dèbils
-aire	xerraire	xerraires
-e àtona	alegre, ximple	alegres, ximples

Pronom **ho**

El pronom **ho** fa d'atribut dels verbs **ser**, **estar** i **semblar**, i fa referència a un adjectiu que s'ha dit anteriorment.

*El Berenguer Vidal és molt **simpàtic** i la seva mare també **ho** és.*
*La Marta fa veure que no està **trista**, però realment **ho** està.*
*La Gina i la Laia són **tímides** i no **ho** semblen.*

Ser / estar / semblar

Per fer referència a característiques permanents o definitòries d'una persona utilitzem el verb **ser**, però, per a característiques i estats que poden canviar, fem servir el verb **estar**.

Quan parlem de l'aparença d'una persona utilitzem el verb **semblar**.

*La Maria **és** molt divertida, però avui **està** trista.*
*En Martí **sembla** tímid, però és molt obert.*

[30] trenta

UNITAT 1

LÈXIC

1. Completa el mapa conceptual.

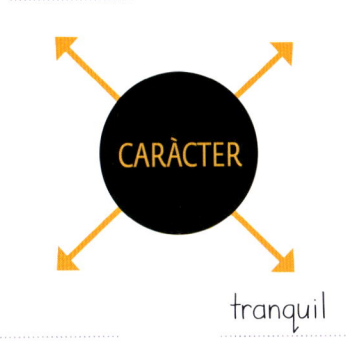

tranquil

2. Completa els verbs com a l'exemple.

- **CREUAR** els dits
- **OBRIR** ....
- **MOURE** ....
- **TOCAR** ....

FONÈTICA I ORTOGRAFIA

PISTA 6 — 1. Escolta les paraules següents i marca amb una creu si es tracta d'una [ɔ] oberta o d'una [o] tancada.

		[ɔ]	[o]
1	n**o**ia	X	
2	seri**o**sa		X
3	gener**ó**s		
4	ficci**ó**		
5	Ani**o**l		
6	de deb**ò**		
7	p**o**lze		
8	gany**o**ta		
9	Bany**o**les		
10	Gir**o**na		
11	Mall**o**rca		
12	Matar**ó**		
13	masc**o**ta		
14	m**ó**n		

PISTA 7 — 2. Fixa't en la indicació de la pronunciació de les o destacades en les frases següents i llegeix-les en veu alta. Després, escolta les frases per comprovar si les has pronunciat bé.

1. Quan faig una br**o**ma i m'ad**o**no que ningú riu, em p**o**so a riure j**o**.
                   [o]   [o]   [ɔ]   [ɔ]

2. Si no tr**o**ben el meu n**o**m a la llista de passatgers d'un avi**ó**, em p**o**so molt nervi**ó**s.
         [ɔ]   [ɔ]   [o]   [o]   [o]

3. Fa p**o**c que l'Ori**o**l ja n**o** es p**o**sa vermell quan parla amb gent n**o**va.
      [ɔ]   [ɔ]   [o] [ɔ]   [ɔ]

4. Quan la Mari**o**na es tr**o**ba un fam**ó**s, li fa m**o**lta verg**o**nya, sempre es v**o**l f**o**ndre.
            [o]   [ɔ]   [o]   [o]   [o]   [ɔ] [o]

PISTA 8 — 3. Fixa't en la vocal o àtona destacada en les frases següents i llegeix-les en veu alta. Com es pronuncia la o àtona? Escolta l'àudio i comprova-ho.

1. L'Emma és molt f**o**rmal i el seu marit també h**o** és.
2. S**o**vint el meu avi està n**o**stàlgic, però avui no h**o** està gens.
3. La J**o**ana en realitat és **o**berta, encara que no h**o** sembli.
4. En J**o**sep és tan eg**o**cèntric! Abans no h**o** era tant.
5. Els teus c**o**sins semblen seri**o**sos, però després ja es veu que no h**o** són.

trenta-u [31]

PUNT D'ARRIBADA

TASQUES

TASCA COL·LECTIVA

A. En grups. Expliqueu, cada un, una situació compromesa en què vau tenir ganes de plorar o de riure, us vau posar nerviosos, tristos, etc. Feu una llista de les situacions.

B. Trieu-ne una. Escriviu-la en forma de guió breu i prepareu-vos per representar-la amb mímica a la resta de la classe de manera que sigui entenedora.

C. Representeu l'escena als companys de la classe. Escolliu l'esquetx més original i la millor posada en escena.

Fem balanç

1. Ara sé...

	♥	☺	☹
Descriure com soc segons el meu caràcter.			
Parlar del llenguatge no verbal (la gestualitat i el significat dels moviments).			
Explicar una situació compromesa.			

2. Comentaris sobre la tasca.

UNITAT 1

TASCA INDIVIDUAL

A. Escriu un text de presentació. Digues qui ets, com ets, què t'agrada fer, etc.

B. Comparteix el text amb els teus companys de classe. Amb quines persones creus que pots tenir més coses en comú?

C. Escriu un comentari als textos dels teus companys.

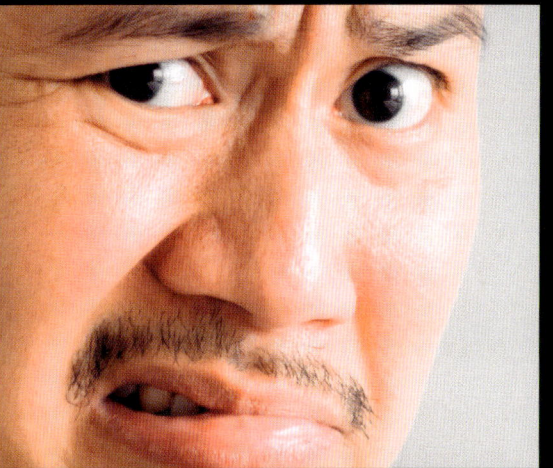

3. Avalua la tasca dels teus companys i comenta'ls la teva valoració.

La presentació és completa.	♥ ☺ ☹
Utilitza continguts de la unitat.	♥ ☺ ☹
El lèxic és adequat.	♥ ☺ ☹

trenta-tres [33]

2 Fets i gent

TASQUES INTERMÈDIES
- Escriure una notícia actual i enregistrar-la
- Escriure les preguntes per elaborar un test
- Elaborar una fitxa amb la informació d'un personatge famós

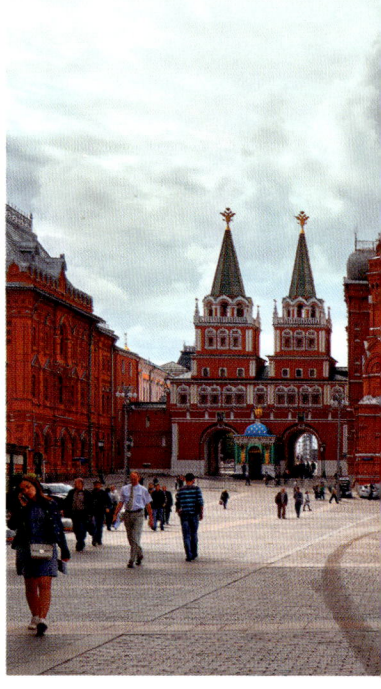

TASQUES FINALS
- Fer un collage amb esdeveniments importants que han fet canviar el món
- Fer una llista de coses importants que ja s'han fet o que encara no s'han fet

PUNT DE PARTIDA

Esdeveniments que marquen

A. Observa les fotografies i relaciona-les amb un dels llocs de la llista següent. Saps què hi va passar?

- LA PLAÇA TAHRIR DEL CAIRE
- LA PLAÇA DE TIANANMEN DE PEQUÍN
- LA PLAÇA TAKSIM D'ISTANBUL
- LA PLAÇA ROJA DE MOSCOU

B. Llegeix els titulars de les notícies i relaciona'ls amb l'any en què van tenir lloc.

- 1 DE GENER DE 2002
- 9 DE NOVEMBRE DE 1989
- 11 DE SETEMBRE DE 2001

- ATEMPTATS A NOVA YORK I A WASHINGTON DC
- CAIGUDA DEL MUR DE BERLÍN
- ARRIBA LA MONEDA ÚNICA EUROPEA: L'EURO

C. Busca el titular d'una notícia important i escriu-lo. Demana als teus companys si coneixen la notícia i si saben quan va passar.

D. Amb quins mitjans t'informes del que passa al món? Parla'n amb un company.

- ☐ Telenotícies
- ☐ Radionotícies
- ☐ Diari en paper
- ☐ Diari en línia
- ☐ Xarxes socials

> Jo normalment llegeixo els diaris en línia, perquè puc fer-ho des del mòbil.

trenta-cinc [35]

PUNT 1

Notícies

A. Llegeix les etiquetes següents i assegura't que n'entens el significat. Després, llegeix les notícies i relaciona-les amb les etiquetes. Quina és la notícia més poc creïble?

#estalvis #nen generós #robatori #bombers #informatius #lladre #gossos #incivisme #excursionistes #vaques

① ELS PAGESOS PAREN ELS PEUS A UN RAMAT DE VAQUES SALVATGES AMB CATALUNYA RÀDIO

Diversos agricultors d'Espolla, a l'Alt Empordà, han denunciat públicament aquesta setmana els danys que els provoquen un ramat de vaques salvatges. Els agricultors han decidit buscar solucions i acabar amb el problema pel seu compte. Un d'ells ha trobat un sistema curiós, però que assegura que és infal·lible: posa l'emissora Catalunya Ràdio per mantenir a ratlla les vaques. Fa una estona hem volgut parlar amb algun responsable de l'emissora, però no hem aconseguit parlar-hi.

② Els veïns de Palma no volen més excrements al carrer

Els veïns de Palma estan cansats de l'incivisme de les persones que no recullen els excrements dels seus gossos. El mes passat va néixer la campanya 'Pel teu barri, juga net', que s'ha presentat aquest migdia a la plaça de Ses Veles. Durant l'acte d'avui s'han organitzat activitats per conscienciar els propietaris d'animals de no embrutar l'espai públic. Durant aquest mes els veïns han difós la notícia a través de les xarxes socials i els ciutadans han respost de manera massiva.

③ Un nen de Xàtiva agafa 1.000 euros de casa seva i els reparteix entre els seus companys del col·legi

Abans-d'ahir un nen de vuit anys va agafar deu bitllets de 100 euros, que eren els estalvis de la seva àvia, i els va repartir entre els seus companys de l'escola, per motius que encara es desconeixen. Avui els seus pares s'han posat en contacte amb la direcció de l'escola, que ha convocat una reunió urgent amb tots els pares de la classe. Alguns pares ja han anat a l'escola a tornar els diners.

④ Els Bombers rescaten dos excursionistes al PEDRAFORCA

Els Bombers de la Generalitat han rescatat aquest matí dos excursionistes ferits de diversa gravetat, després de patir una caiguda quan pujaven al Pedraforca. Segons fonts dels Bombers, ha estat necessari traslladar-hi un helicòpter per evacuar-los. Un dels dos excursionistes ha sofert contusions i ferides greus, i ha perdut la consciència quan ha arribat a l'hospital. Aquesta tarda hem sabut que estan fora de perill i ja han rebut l'alta.

⑤ DETENEN UN LLADRE, EN DEIXAR-SE EL MÒBIL AL BAR ON VA ENTRAR A ROBAR

No fa gaire els Mossos d'Esquadra han detingut un dels presumptes autors d'un robatori, que ha tingut lloc aquesta setmana en un bar de Berga. Fa tres dies dos lladres van entrar al bar i es van endur els diners de la caixa registradora. Un testimoni va avisar la policia del succés, després de veure com dos homes abandonaven el local de matinada i en actitud sospitosa.

UNITAT 2

B. Llegeix les informacions següents i insereix-les al final de la notícia corresponent de l'activitat anterior.

- ☐ a) El nen ha promès que no ho tornarà a fer, però no ha dit per què ho va fer.
- ☐ b) La policia ha pogut arribar al lladre, gràcies al mòbil que li va caure a l'interior de l'establiment on va cometre el robatori.
- ☐ c) L'any passat hi va haver una proposta similar, però no va tenir gaire èxit.
- ☐ d) Ahir vam voler posar-nos-hi en contacte i també ens va ser impossible.
- ☐ e) Dijous passat els bombers ja van rescatar tres excursionistes al mateix lloc.

C. Fixa't en els marcadors temporals destacats en els textos de les activitats **A** i **B**. Completa el quadre següent, segons el temps verbal que els acompanya. Compara el resultat amb el del teu company.

MARCADORS TEMPORALS	TEMPS VERBAL
	passat perifràstic d'indicatiu
Aquesta setmana,	perfet d'indicatiu

D. Saps deduir quan utilitzem cada temps del passat? Existeixen aquests dos passats en la teva llengua? Par-la'n amb el teu company.

E. Fixa't en les formes del perfet d'indicatiu que apareixen en les notícies de l'activitat **A** i escriu-ne l'infinitiu. Pots fer una classificació dels participis, segons les terminacions? Compara el resultat amb el del teu company.

Han denunciat → denunciar
→
→
→
→
→
→
→
→
→
→
→

→
→
→
→
→
→
→
→
→
→
→
→

F. Escolta la notícia següent i pren apunts per completar la informació que es demana al quadre. Després explica-la al teu company amb les teves paraules.
PISTA 9

Qui és el protagonista?	
Què ha passat?	
Quan ha passat?	
On ha passat?	

Dues persones han entrat...

TASCA INTERMÈDIA En parelles. Escriviu una notícia, real o inventada. Enregistreu-la, creeu una etiqueta i envieu l'enregistrament als vostres companys.

trenta-set [37]

PUNT 2

Què has fet de bo?

A. Llegeix els adjectius següents i assegura't d'entendre'n el significat. Després relaciona'ls amb un dels textos que hi ha a continuació. Fes-ho amb el teu company.

- PRESUMIT
- TREBALLADOR
- INTEL·LECTUAL
- ROMÀNTIC
- ESTALVIADOR
- ESPORTISTA

Estic molt content perquè aquesta setmana he estalviat molts euros. No he agafat el cotxe. He anat a peu a tot arreu. Tampoc he esmorzat fora, ni he pres el tallat a mig matí. He anat un dia al cine, però el dia de l'espectador. A casa només he encès la calefacció una estona, abans d'anar-me'n a dormir.

Aquest matí m'he aixecat a les 6, he pres un suc de taronja, m'he posat les vambes i he sortit a córrer. He corregut una hora i he tornat a casa, he esmorzat i he anat a la feina. Al migdia he anat al gimnàs i he entrenat gairebé una hora i mitja, i aquesta nit he nedat una hora. Em sento en forma!

Avui he treballat dotze hores. He sortit de casa a les vuit del matí i no hi he tornat fins a les nou del vespre. No he tingut temps de dinar perquè he volgut acabar una feina. He menjat un entrepà davant l'ordinador. A la tarda no he pogut anar al gimnàs, perquè he volgut acabar un informe.

Avui he llegit la pàgina cultural del diari i després he comprat entrades per anar al teatre. A la feina, a l'hora d'esmorzar, he discutit de filosofia amb els companys i a la tarda he anat a una exposició al Museu d'Art Contemporani. Aquesta nit he participat en una tertúlia sobre música i política. Quin dia més interessant!

Avui ha estat un dia meravellós! Ens hem fet un petó davant el fotomosaic mural de Fontcuberta, hem fet un volt en barca al parc de la Ciutadella, ens hem perdut al laberint d'Horta, hem vist el capvespre des dels búnquers del Carmel. I al vespre, hem sopat davant el mar.

Aquest matí m'he dutxat, m'he afaitat, m'he vestit i m'he pentinat. Després he anat a comprar una camisa i unes sabates noves per a la festa d'aquesta nit. A la tarda he anat a un centre de bellesa. He arribat a casa i m'he canviat. Estic preparat per a la festa d'aquesta nit!

B. Torna a llegir els textos i marca els participis que no coneixes i, amb l'ajut d'un company, escriu-ne els infinitius.

C. Fixa't en els pronoms de les formes destacades dels textos de l'activitat **A** i completa el quadre. Després escull-ne un i escriu la conjugació del perfet d'indicatiu. Compara-la amb la que ha escrit el teu company.

Aixecar-se	→ m'he aixecat
	→
	→
	→
	→
	→
	→
	→

Avui m'he dutxat i m'he vestit.

D. Has fet, avui o aquesta setmana, alguna cosa que han fet les persones dels textos anteriors? T'identifiques amb alguna d'elles? Parla'n amb un company.

UNITAT 2

E. Contesta el test per mesurar, en clau d'humor, la teva catalanitat. Compara el resultat amb el del teu company.

Com n'ets, de català?

1. Has anat mai a Montserrat?
   - ☐ a) No, no **hi** he anat mai.
   - ☐ b) Sí, ja hi he anat dues vegades.
   - ☐ c) Sí, hi vaig molt sovint.

2. Has llegit el llibre *Tirant lo Blanc*?
   - ☐ a) No, encara no **l'**he llegit.
   - ☐ b) **El** tinc a casa, però no l'he llegit.
   - ☐ c) Ja **l'**he llegit dues vegades.

3. Has vist la pel·lícula *Pa negre*?
   - ☐ a) No, no **l'**he vist mai.
   - ☐ b) **La** vaig veure la setmana passada.
   - ☐ c) És la meva pel·lícula preferida.

4. Has menjat alguna vegada calçots?
   - ☐ a) No, encara no **n'**he menjat mai.
   - ☐ b) **En** vaig menjar l'any passat, però no em van agradar.
   - ☐ c) Sí, ja he anat a tres calçotades!

5. Has tastat mai les neules?
   - ☐ a) No **les** he tastat mai.
   - ☐ b) **Les** he vist a la pastisseria.
   - ☐ c) **En** menjo cada Nadal.

6. Has ballat sardanes alguna vegada?
   - ☐ a) No **n'**he ballat mai.
   - ☐ b) Encara no, però **en** vull aprendre.
   - ☐ c) Ja **n'**he ballat molts cops.

7. Has visitat mai les coves del Drac?
   - ☐ a) No, on són?
   - ☐ b) No, encara no **les** he visitat.
   - ☐ c) **Les** vaig visitar l'estiu passat.

8. Has vist Els Catarres en concert?
   - ☐ a) No, no **els** conec.
   - ☐ b) Encara no **els** he vist, però els conec.
   - ☐ c) M'encanten!

RESULTAT. Si has obtingut la majoria de respostes A: Encara has de fer moltes coses per ser un bon català. Posa-t'hi! Si has obtingut la majoria de respostes B: Encara no has fet algunes coses que has de fer per ser un bon català, però t'hi acostes. Si has obtingut la majoria de respostes C: Ja has fet el que has de fer per ser un bon català. Felicitats!

👁 **F.** Fixa't en els pronoms febles destacats al test de l'activitat anterior i busca la informació a què es refereixen. Dedueix en quin cas els fem servir. Fes-ho amb el teu company.

hi:	a Montserrat
el / l':	
la / l':	
els:	
les:	
en / n':	

👁 **G.** Fixa't en l'adverbi negatiu **mai** de les preguntes del test de l'activitat **E**. Quin significat té quan s'utilitza en una pregunta? Com el traduiries en la teva llengua?

👁 **H.** Fixa't en les formes **encara no** i **ja** de l'activitat **E**. Llegeix les explicacions del quadre següent i escriu quina forma correspon a cada una. Busca'n un equivalent en la teva llengua.

Utilitzem .... per comprovar si alguna cosa ha passat, fins ara.
Utilitzem .... per expressar que una acció no s'ha produït fins ara.

TASCA INTERMÈDIA En grups. Penseu en una nacionalitat i escriviu 3 ítems d'un test, similar al de l'activitat E, per esbrinar qui dels companys s'identifica més amb la nacionalitat que heu escollit. Demaneu als altres grups que contestin el test i presenteu els resultats.

trenta-nou [39]

PUNT 3

Vaig néixer o he nascut?

A. En grups, llegiu les informacions dels quadres següents i decidiu a quina persona de les fotografies fan referència. Compareu els resultats amb els d'un altre grup. Sabeu més coses dels personatges?

> Aquesta informació és d'en Pep Guardiola.
>
> N'estàs segur?

 JUDIT MASCÓ
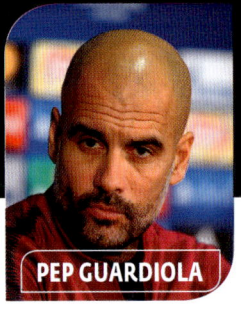 PEP GUARDIOLA
 MÒNICA TERRIBAS
 MIQUEL BARCELÓ
 PAULA BONET
 SERGI BELBEL

- Es va llicenciar en Periodisme el 1991 i, sis anys més tard, es va doctorar en Filosofia per la Universitat de Stirling, a Escòcia.
- Del 2002 al 2008 va dirigir el programa d'anàlisi informativa de Televisió de Catalunya *La nit al dia*.
- Del 2008 al 2012 va ser directora de Televisió de Catalunya i durant l'any següent va ser la consellera delegada del diari *Ara*.

- Ha viscut temporades llargues a l'Àfrica.
- Ha reformat la capella del Santíssim a la Seu de Mallorca i ha pintat la cúpula de la sala XX del Palau de les Nacions Unides de Ginebra.
- Ha protagonitzat una pel·lícula del director Isaki Lacuesta.

- Als 17 anys va viatjar a Milà, on va començar la seva carrera com a model professional.
- El 1990 va sortir a la portada de la revista *Sports Illustrated*. A partir d'aquell moment va passar a treballar com a model per als millors fotògrafs i les revistes de moda més prestigioses.
- Va ser escollida ambaixadora dels Jocs Olímpics de 1992, a Barcelona.

- Quan tenia 13 anys, va entrar a La Masia per formar-se com a jugador.
- Va jugar 472 partits amb la samarreta blaugrana.
- Va entrenar el primer equip del Futbol Club Barcelona durant quatre anys, i a la temporada 2008-2009 va aconseguir un triplet històric: Copa del Rei, Lliga i Copa d'Europa.

- Ha escrit unes vint obres teatrals, algunes de les quals s'han representat a diversos països d'Europa i Amèrica.
- Ha dirigit obres d'autors clàssics i contemporanis, i n'ha traduït moltes al català i al castellà.
- Ha estat director artístic del Teatre Nacional de Catalunya i ha obtingut nombrosos premis.

- S'ha llicenciat en Belles Arts per la Universitat Politècnica de València i ha completat la seva formació a Santiago de Xile, a Nova York i a Urbino.
- S'ha dedicat a la pintura, al gravat i a la il·lustració, i ha fet exposicions a ciutats de tot el món.
- Ha publicat més de set llibres en quatre anys, dels quals és autora del text i de les il·lustracions.

UNITAT 2

B. Quins textos de l'activitat anterior s'expliquen des del punt de vista "relacionat amb el present" o "allunyat del present". Ajuda't amb les il·lustracions següents. Fes-ho amb el teu company.

> He jugat 472 partits amb la samarreta blaugrana.
> Relacionat amb el present:

> Vaig jugar 472 partits amb la samarreta blaugrana.
> Allunyat del present:

C. Escriu en un full dues informacions sobre la teva vida. Una informació, que vols relacionar amb el present, i l'altra, que vols allunyar del present. Llegeix-les als teus companys i justifica l'opció dels temps verbals.

D. (PISTA 10) Escolta el diàleg entre dues persones que parlen de tres personatges famosos i escriu la informació que sentiràs, a la fitxa.

XAVI HERNÁNDEZ
- ● ....
- ◆ ....
- ■ ....

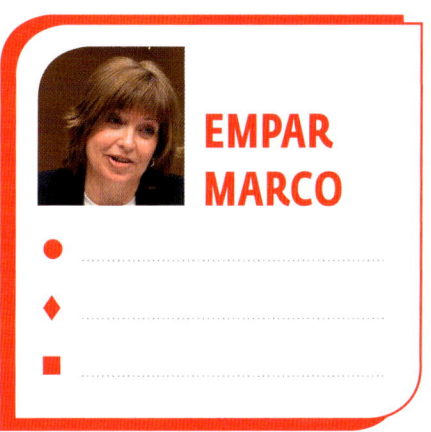

EMPAR MARCO
- ● ....
- ◆ ....
- ■ ....

ARACELI SEGARRA
- ● ....
- ◆ ....
- ■ ....

E. (PISTA 10) Llegeix les expressions següents i assegura't que n'entens el significat. Després escolta un altre cop el diàleg de l'activitat anterior i marca les expressions que s'hi utilitzen. Fes-ho amb el teu company.

- ☐ Quina vida!
- ☐ Que ignorant!
- ☐ Quina sort!
- ☐ Que divertit!
- ☐ Que avorrida!
- ☐ Que bé!
- ☐ Quin jugador!
- ☐ Quins nervis!
- ☐ Quin avorriment!
- ☐ Quin canvi!
- ☐ Quina llàstima!
- ☐ Quines bestieses!
- ☐ Que fort!

F. Fixa't en les expressions de l'activitat anterior i completa el quadre. Quin significat aporta **que** i **quin, quina, quins, quines** en aquestes expressions? Parla'n amb un company.

....	+ adjectiu / adverbi
....	+ nom

TASCA INTERMÈDIA En grups, escolliu un personatge famós, recolliu informació sobre la seva vida fins al moment actual i escriviu-la en una fitxa. Intercanvieu-vos les fitxes amb altres grups, llegiu-ne la informació, intenteu descobrir qui és i expresseu l'opinió que en teniu.

PUNT SOCIOCULTURAL

Mira què fan ara!

La televisió ha estat el tercer gran mitjà de comunicació de masses més influent i poderós, després dels diaris i de la ràdio.

Televisions públiques en llengua catalana dels Països Catalans

1. TV3
TV3 va començar a emetre l'any 1983 i és el primer canal generalista i familiar. Té una programació molt variada i ha apostat pels informatius, l'entreteniment i els esdeveniments esportius.

2. 33
És un canal adreçat a un públic més específic, dedicat principalment a la descoberta, al coneixement, a la innovació, al debat d'idees i a la cultura.

3. 324
És un canal d'informació, que emet les 24 hores del dia. Va néixer el setembre del 2003 i és líder destacat del gènere a Catalunya.

4. SX3
És un canal de televisió i una plataforma de vídeo a la carta de referència per al públic més jove, amb programes de producció pròpia, sèries, dibuixos animats, magazins, pòdcasts, concursos, pel·lícules, etc.

5. Esport3
És un canal que ofereix esdeveniments esportius i programes dedicats a un estil de vida esportiva. Es va crear el febrer del 2011 i ofereix transmissions en directe o en diferit.

6. IB3
La televisió de les Illes Balears va començar a emetre el 2005 i va néixer amb l'objectiu de reforçar la cohesió territorial i les senyes d'identitat de les Illes Balears.

7. À Punt
És el canal de televisió de la Corporació Valenciana de Mitjans de Comunicació amb l'objectiu de satisfer les necessitats d'informació, cultura, educació i entreteniment dels ciutadans.

UNITAT 2

Els mitjans de comunicació estan pensats per arribar al màxim nombre de persones i tenir la màxima audiència, a través de la seva programació i dels seus continguts.

És el primer i únic informatiu infantil de tots els Països Catalans. S'emet des del 2001 en directe pel canal Super3 i, a diferència d'altres informatius, està adreçat a nens d'entre 8 i 12 anys. Segueix el calendari escolar, és a dir, quan les escoles no fan classes, l'informatiu no s'emet.

Si la informació és un dret de les persones, els més petits també tenen el dret d'estar informats. L'objectiu de l'InfoK és informar els nens i joves, amb un llenguatge entenedor i una selecció molt meditada de les imatges.

A l'informatiu es parla de l'actualitat, i les notícies tracten la política, l'economia, la vida social, els esports, o qualsevol fet o esdeveniment rellevant.

Hi ha altres països europeus que tenen una tradició en informatius infantils. Aquest tipus d'informatiu està vist com un pas previ i necessari als informatius per a adults. De fet, els informatius infantils de la BBC britànica i de la NOS holandesa van servir de model per elaborar l'InfoK.

A. Mires la televisió? Quins programes? Parla'n amb un company.

- ☐ Programes d'entreteniment: sèries, concursos, pel·lícules...
- ☐ Programes esportius
- ☐ Programes culturals: debats, documentals...
- ☐ Informatius

Jo no miro gaire la televisió, només els informatius.

PISTA 11

B. Llegeix els textos sobre els canals de televisió en llengua catalana. Després escolta les persones de l'enregistrament i escriu el canal que poden mirar, segons els seus gustos o necessitats. Contrasta el teu resultat amb el d'un company.

	CANAL
1	
2	
3	
4	
5	
6	
7	

C. Llegeix el text sobre l'*InfoK* i marca les informacions que hi apareixen.

- ☐ **1.** La primera emissió es va fer el 23 d'abril del 2001.
- ☐ **2.** És l'únic informatiu en català adreçat a un públic infantil.
- ☐ **3.** El programa s'emet de dilluns a dijous, a les 19.30.
- ☐ **4.** Durant les vacances d'estiu, Setmana Santa o Nadal, per exemple, no s'emet.
- ☐ **5.** Va adreçat a qualsevol persona que estigui interessada a conèixer l'actualitat.
- ☐ **6.** La primera presentadora va ser la periodista Núria Solé.
- ☐ **7.** Hi ha països europeus que tenen una tradició en informatius infantils.
- ☐ **8.** El programa ha rebut diversos premis.

D. Explica com són els canals de televisió del teu país o d'algun país que coneguis i digues quin tipus de programes ofereixen.

quaranta-tres [43]

PUNT DE SUPORT

GRAMÀTICA

Perfet d'indicatiu

S'utilitza per...

- parlar d'activitats passades i acabades dins d'un període de temps que encara no s'ha acabat i que relacionem amb el present. Per indicar un període de temps no acabat acostumem a anteposar **aquest**, **aquesta**, **aquests**, **aquestes** a l'element temporal.

*En Pep Guardiola **ha guanyat** molts partits de futbol.*
***He menjat** calçots tres vegades a la meva vida.*
*Aquesta setmana **ha vingut** la meva germana a visitar-me.*
*Aquest any **hi ha hagut** molts accidents de trànsit.*

- expressar accions passades dins del dia d'**avui**.

*Aquest matí **he arribat** tard a classe.*
*Avui no **m'he afaitat** perquè **m'he llevat** tard.*

Passat perifràstic d'indicatiu

S'utilitza per explicar fets passats i acabats en una unitat de temps que no inclou el present (avui).

*La Dèlia **va arribar** a casa molt tard ahir a la nit.*

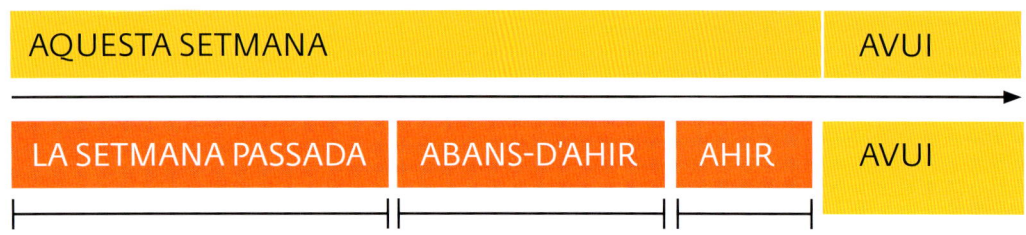

Marcadors temporals amb els temps verbals del passat

Perfet d'indicatiu	Passat perifràstic d'indicatiu
Avui / ara / fins ara / fa una estona / fa un moment / aquest matí / aquesta setmana / aquests mesos...	L'any 2010 / ahir / abans-d'ahir / l'altre dia / la setmana passada / el mes passat / fa una setmana / fa un mes...

Ja / encara no

Utilitzem **ja** per comprovar si alguna cosa ha passat, fins ara. I **encara no** per expressar que una acció no s'ha produït fins ara.

Heu anat a València?
*Jo sí, **ja** hi he anat. **Ja** hi he anat dos cops.*
*Doncs jo **encara no** hi he anat.*

Mai

Mai en frases interrogatives té un sentit no negatiu, equivalent a **alguna vegada**.

*Has anat **mai** a Girona? = Has anat **alguna vegada** a Girona?*

Pronoms **el**, **la**, **els**, **les**, **hi**, **en**

Els pronoms **el**, **la** i **en** perden la vocal i s'apostrofen: **l'** i **n'** en contacte amb una forma verbal començada per vocal o **h**; en canvi, els pronoms **els**, **les** i **hi** no s'apostrofen.

Has llegit el llibre?
*Sí, ja **l'**he llegit.*

Has tastat la crema?
*No, encara no **l'**he tastat.*

Has menjat carn?
*Sí, **n'**he menjat una mica.*

Que / quin, quina, quins, quines en frases exclamatives

Per fer ressaltar la intensitat d'un adjectiu, adverbi o nom utilitzem:

que	+ adjectiu o adverbi	**Que** fort!, **Que** bé! **Que** avorrit!
quin, quina, quins, quines	+ nom	**Quin** temps!, **Quina** por!, **Quins** lladres! **Quines** setmanes!

UNITAT 2

LÈXIC

1. **Escriu una definició per a cada adjectiu, com a l'exemple.**

   TREBALLADOR: És una persona que fa molta feina.
   ESPORTISTA: ....
   ESTALVIADOR: ....
   INTEL·LECTUAL: ....
   PRESUMIT: ....
   ROMÀNTIC: ....

2. **Completa el mapa conceptual.**

   ROBATORI
   lladre

3. **Completa les paraules amb expressions com a l'exemple.**

   LLICENCIAR-SE — en Periodisme
   DEDICAR-SE — ....
   DIRIGIR — ....

FONÈTICA I ORTOGRAFIA

🎧 PISTA 12
1. **Escolta aquestes frases i repeteix-les. Fixa't en els sons destacats, que es pronuncien gairebé com un sol mot. Entre claudàtors, pots llegir els mots destacats tal com es pronuncien.**

   1. No hi he anat mai.   [je nat]
   2. No les he tastat mai.   [lə ze]
   3. Encara no els he vist.   [nol ze]
   4. Ho he vist molt bé.   [we]
   5. No he agafat el cotxe.   [noe ɣə fat]
   6. Avui m'he aixecat a les sis. [me ʃə kat]

🎧 PISTA 13
2. **Escolta les frases de l'exemple i fixa't en l'entonació neutra i exclamativa de la frase. Repeteix-les. Ajuda't de la mà per marcar l'entonació.**

   a. Aquest personatge té una vida molt avorrida. (neutra)

   b. Quina vida més avorrida! (exclamativa)

🎧 PISTA 14
3. **Escolta les frases i marca amb una creu si són neutres o exclamatives. Torna-les a escoltar i repeteix-les.**

	NEUTRA	EXCLAMATIVA
1	☐	☐
2	☐	☐
3	☐	☐
4	☐	☐
5	☐	☐
6	☐	☐
7	☐	☐
8	☐	☐
9	☐	☐
10	☐	☐

PUNT D'ARRIBADA

TASQUES

TASCA COL·LECTIVA

A. En grups, feu una pluja d'idees d'esdeveniments importants que han fet canviar el món i escolliu-ne un.

B. Busqueu informació de l'esdeveniment triat, per respondre les preguntes: qui, què, on, quan i per què. També anoteu les conseqüències que ha tingut.

C. Escriviu un text amb tota la informació recollida sobre l'esdeveniment i com ha canviat el món des del moment en què va tenir lloc. Podeu acompanyar el text amb una fotografia.

D. Pengeu els textos a l'aula o a l'espai virtual de l'escola. Llegiu-los i comenteu els esdeveniments.

Fem balanç

1. Ara sé…

	♥	☺	☹
Explicar una notícia breu.			
Explicar coses que encara no he fet i que ja he fet.			
Reaccionar davant d'una notícia.			

2. Comentaris sobre la tasca.

UNITAT 2

TASCA INDIVIDUAL

A. Fes una llista de les coses importants que creus que s'han de fer durant la vida, com a mínim una vegada.

B. Marca les coses de la llista que ja has fet i les que encara no, i exposa-ho als teus companys.

C. Comenta la informació dels teus companys.

3. Avalua la tasca dels teus companys i comenta'ls la teva valoració.

La presentació és completa.	♥	☺	☹
Utilitza continguts de la unitat.	♥	☺	☹
El lèxic és adequat.	♥	☺	☹

3 Temps de canvis

TASQUES INTERMÈDIES

▶ Descriure els canvis físics i de caràcter d'una persona

▶ Explicar els estius de la infantesa i de la joventut

▶ Comentar les activitats quotidianes abans i després d'un canvi de vida

TASQUES FINALS

▶ Presentar un cartell amb la descripció d'un joc de la infantesa

▶ Fer una descripció de quan eres petit, llegir les que han fet els companys i endevinar a qui correspon

PUNT DE PARTIDA

Records d'abans

A. Llegeix les paraules següents i relaciona-les amb els objectes de les fotografies.

TELÈFON FIX · CASSET · MÀQUINA D'ESCRIURE · DISQUET · CINTA DE VÍDEO · RODET DE FOTOGRAFIA

B. Quins objectes de la fotografia reconeixes? En quins anys es feien servir? Encara s'utilitzen? Parla'n amb un company.

C. Llegeix la llista següent. Escriu el primer que et suggereixi cada concepte i explica quin record t'evoca. Compara les teves respostes amb les del teu company.

una olor ....
un color ....
un menjar ....
una cançó ....
un joc ....
una persona ....

D. Relaciona les característiques següents amb una o més etapes de la vida. Parla'n amb un company.

FER PANXA · PORTAR APARELLS A LES DENTS · PORTAR ULLERES · TENIR COMPLEXOS · SER CONSERVADOR · TENIR VERGONYA · DUR BARBA · TENIR GRANS · TENIR ARRUGUES · FER GAMBERRADES

INFÀNCIA · ADOLESCÈNCIA · EDAT ADULTA · VELLESA

PUNT 1

No hem canviat gens!

A. Llegeix els missatges que s'escriuen les persones de les fotografies i identifica-les segons les descripcions que fan. Comprova el resultat amb el del teu company.

la colla de l'institut
última vegada avui a les 20:30

Marc — Ei, gent! Mireu què he trobat! Dos dibuixos, un de quan anàvem a l'institut, i l'altre de fa un any. L'Alba, però, no hi és!

Sandra — Que fort! Com hem canviat! Fèiem molt bona cara quan érem joves!

Damià — I ara encara fem bona cara, no som tan vells! Només han canviat algunes coses... Ostres! Heu vist la Sandra? Duia els cabells arrissats! Era molt tímida i tancada! En canvi ara porta els cabells llisos i és molt oberta! 👏

Emma — Sí, i jo portava aparells a les dents, sempre tenia grans i era molt baixa! Per sort, ara ja no porto aparells, no tinc grans..., però encara sóc baixa! 😟

Enric — I tu, Marc, portaves ulleres! No me'n recordava. I eres molt xerraire! I tenies cabells! 😟 Ara ja no en tens, t'has quedat calb! Però ets molt atractiu, eh!

Marc — Gràcies! Abans sí que era atractiu... però tenia molts complexos! Ara duc lentilles i m'he engreixat. Faig panxa i abans no en feia. 😱 I tu i el Damià esteu igual: prims, alts...

Sandra — Sí, i recordo que abans tots dos duien els cabells curts i feien la mateixa cara de dolents. Però en Damià era moreno i l'Enric, ros. I ara tots dos porten barba! I l'Enric té els cabells castanys!

Damià — Però jo duia una arracada a l'orella! Ara ja no l'hi duc! I soc més vergonyós!

Emma — És veritat. Abans fèieu moltes gamberrades. Ara ni l'un ni l'altre sou tan gamberros!

Enric — Jo diria que som més conservadors! Potser és l'edat!

Sandra — Sí, home! Tu, Damià, ara portes cua, i abans no en duies! Ets supermodern! 😂

Marc — Quan torni l'Alba de Chicago, ens hem de fer un dibuix tots sis! Ara hi falta la rossa de la colla!

B. Torna a llegir els missatges, fixa't en les descripcions de cada persona i completa el quadre següent. Qui ha canviat més?

	abans	ara
Sandra	duia els cabells arrissats	porta els cabells llisos
Emma		
Marc		
Enric		
Damià		

UNITAT 3

C. Subratlla els adjectius que expressen el caràcter, en els missatges de l'activitat **A**, i, amb el company, expliqueu-vos com sou. Teniu coses en comú?

D. Llegeix la declaració de l'actor Jordi Díaz. Què creus que va fer per obtenir el paper de la seva vida? Parla'n amb un company.

> *"Fer el personatge més important de la meva carrera artística va ser molt dur físicament."*
> Jordi Díaz - actor

☐ Es va rapar al zero.
☐ Es va tenyir de ros platí.
☐ Es va aprimar quinze quilos.
☐ Es va fer un tatuatge a l'esquena.
☐ Es va engreixar vint quilos.
☐ Es va deixar els cabells molt llargs.
☐ Va deixar de fumar de cop.

Jo crec que es va rapar al zero.

Vols dir?

E. En parelles, llegiu l'entrevista per comprovar les vostres hipòtesis. Heu fet alguna de les coses de la llista de l'activitat anterior en algun moment de la vostra vida?

Va ser difícil entrar a treballar a la televisió?
Passava per una època de la meva carrera en què em plantejava deixar córrer el món de la interpretació. Tenia 25 anys i no trobava feina com a actor. Em van oferir el paper del Fede a la sèrie de TV3 *El cor de la ciutat* en el moment just. Va ser un regal.

Com era el teu personatge?
En Fede era un fotògraf guapo, bastant penques i gamberro, però en el fons era una bona persona. No volia lligams amb les dones. Era un immadur. El personatge es va fer molt popular i em van proposar de seguir a la segona temporada de la sèrie, però m'havia d'engreixar 20 quilos i dur una barba molt llarga. I ho vaig acceptar.

I com et veies quan et miraves al mirall?
Feia molta panxa i també feia ulleres tot el dia. Estava molt lleig, perquè no era jo, estava molt gras. Duia una barba llarguíssima, que odiava. No m'agradava gens perquè amb aquella barba feia molt mala cara. El caràcter em va canviar: era molt antipàtic amb la gent, m'enfadava de seguida.

F. Fixa't en les formes de l'imperfet d'indicatiu dels textos de les activitats **A** i **E**, i escriu la conjugació dels verbs del quadre. Llegeix les formes verbals en veu alta i marca on cau l'accent. Fes-ho amb un company.

portar	portava…	ser	
voler		fer	
tenir		dur	

G. Escolta el diàleg entre dos seguidors de la sèrie *El cor de la ciutat* que comenten com ha canviat l'actor amb el temps. En parelles, una persona anota com era abans i l'altra, com és ara. Comproveu en quina cosa no ha canviat.

TASCA INTERMÈDIA En grups. Duu a classe una foto d'algú que ha canviat en els últims anys (un familiar, un amic, un actor…), ensenya-la als teus companys i descriu com és ara i com era abans. De totes les fotos, qui ha fet el canvi físic més important?

PUNT 2

Postals d'estiu

A. Quina de les activitats següents relaciones amb les teves vacances de petit? Comenta-ho amb un company.

- ANAR AMB BICICLETA
- ACAMPAR
- ANAR DE COLÒNIES
- VISITAR CIUTATS
- JUGAR AL CARRER A TOCAR I PARAR
- TREBALLAR
- SALTAR A CORDA
- FER CASTELLS DE SORRA

B. En grups de quatre. Cada persona llegeix un text i hi busca la informació per respondre les preguntes del quadre. Després explica el text als companys del grup. Us identifiqueu amb algun dels textos?

1. QUÈ SOLIA FER DURANT LES VACANCES?
2. COM S'HO PASSAVA?
3. QUINA ANÈCDOTA RECORDA?

| Publicat: 09:44

Jo no acostumava a marxar per vacances. Després de Sant Joan, quan s'acabava l'institut, em posava a buscar feina. Necessitava treballar durant els dos mesos d'estiu per tenir una mica de diners. Solia treballar de pintor amb el meu oncle. Era una feina molt dura. Solíem treballar més de 8 hores al dia. I acabava el dia molt cansat, però guanyava diners! Recordo un estiu que vaig treballar de tot: treballava de pintor als matins, feia de cangur alguns vespres i el cap de setmana ajudava en un bar. Va ser un estiu llarg i cansat, però vaig estalviar diners per comprar-me la primera moto. Ara no solc treballar a l'estiu. Tinc un mes de vacances i amb la família solem viatjar amb l'autocaravana que tenim.

C. Fixa't en les formes del verb **soler** destacades als textos anteriors i completa el quadre següent. Després, amb el teu company, llegiu les formes en veu alta.

present d'indicatiu	imperfet d'indicatiu
....	....
sols	solies
sol	....
....	....
soleu	solíeu
....	....

 E. Escolta el reportatge de la ràdio sobre els inicis del turisme als Països Catalans i marca l'opció correcta.

1. La intenció del reportatge és
   - a. fer publicitat de les costes i platges del Mediterrani.
   - b. descriure la bellesa de les platges dels Països Catalans.
   - c. explicar com va començar el turisme als anys 60 i 70.

D. Busca als textos de l'activitat **B** una estructura per expressar accions freqüents o repetides i completa el quadre següent. Hi ha un equivalent en la teva llengua?

soler + infinitiu = ... + a + infinitiu

UNITAT 3

| Publicat: 10:22

Quan començava l'estiu, el meu germà i jo anàvem a casa dels avis, al poble. Era molt divertit, perquè podíem fer tot el que volíem. Cada dia era igual: acostumàvem a llevar-nos tard, esmorzàvem i sortíem a jugar al carrer amb altres nens del poble. Jugàvem a pilota, a córrer, o agafàvem la bicicleta per voltar pel poble. Quan feia molta calor, anàvem al riu perquè al poble no hi havia piscina. Recordo que el meu germà solia banyar-se despullat. Un dia algú li va prendre la roba mentre ens banyàvem al riu. Va tornar al poble mort de vergonya! Avui dia els meus fills solen preguntar-me com eren les meves vacances al poble, i sempre els dic: molt diferents de les vostres!

| Publicat: 12:30

Què feia de vacances, abans? Si no veig fotos penjades a Instagram, no me'n recordo! És broma! Cada mes de juliol acostumava a anar de colònies quinze dies amb altres nens a una casa de colònies, al mig del bosc. Els primers dies no m'agradava gaire perquè no teníem ni mòbils, ni tauletes, ni plays, ni tele, però després ens ho passàvem molt bé: els monitors solien muntar activitats molt divertides i ens oblidàvem completament de les pantalles. A més estàvem molt ocupats: cada dia ens fèiem el llit, netejàvem el lavabo, paràvem taula, rentàvem la roba... Però també recordo que quan tornava a casa tenia tantes ganes de jugar a la play que em passava una setmana sencera jugant-hi!

| Publicat: 09:44

Quan era petit, els meus pares acostumaven a llogar un apartament a Salou. Hi anàvem els meus pares, els meus germans i la meva àvia. Era un apartament que tenia una piscina comunitària i era molt a prop de la platja. Acostumava a passar gairebé tot el dia a l'aigua: a la platja o a la piscina. Havent dinat, feia els deures de l'escola. Als vespres, els meus pares solien sortir a fer un gelat i els meus germans i jo ens quedàvem a l'apartament i jugàvem a cartes amb la nostra àvia. Era una època molt feliç, perquè els dies eren llargs i no hi havia obligacions. Recordo que un estiu vaig conèixer una noia que també estiuejava a Salou i ens vam fer un petó. El meu primer petó.

2. Els turistes venien a les platges dels Països Catalans perquè

- ☐ a. tothom hi venia.
- ☐ b. als seus països no hi havia platges.
- ☐ c. no era lluny dels seus països i era barat.

3. El boom turístic als Països Catalans va fer

- ☐ a. canviar els hàbits dels habitants dels pobles turístics.
- ☐ b. augmentar els preus dels habitatges dels pobles turístics.
- ☐ c. créixer la població dels pobles turístics.

4. Les turistes solien dur una peça de roba molt poc usual en aquella època:

- ☐ a. les sandàlies.
- ☐ b. el biquini.
- ☐ c. la minifaldilla.

TASCA INTERMÈDIA Escriu un text en què expliquis què solies fer durant les vacances quan eres més jove. Penja'l a la xarxa social que comparteixes amb els companys. Penja-hi també alguna foto d'aquella època, si és possible. Llegeix els missatges dels companys, comprova si solíeu fer activitats similars i comenta-ho.

PUNT 3

Tot és proposar-s'ho!

A. Molta gent vol canviar de vida, però no ho fa. De les excuses de la llista següent, per no canviar de vida, quines creus que són les tres més utilitzades? Parla'n amb el teu company.

- ☐ Tinc un gos.
- ☐ No tinc edat per fer-ho.
- ☐ No tinc diners.
- ☐ No tinc temps.
- ☐ Tinc feina fixa.
- ☐ Tinc una hipoteca.
- ☐ Tinc fills petits.
- ☐ Em fa mandra.

PISTA 17

B. Escolta l'entrevista del programa *Canvis radicals* i comprova si les excuses que has marcat són les que s'acostumen a dir. Escriu quines altres excuses es poden dir, per no atrevir-se a trencar amb les rutines.

E. Llegeix els testimonis que alguns oients han escrit al fòrum del programa *Canvis radicals*. Segons la teva opinió, qui ha fet el pas més valent? Parla'n amb un company.

 Gina Turull

Jo abans treballava en una companyia internacional, guanyava molts diners, comprava roba cara, viatjava molt sovint, menjava cada dia al restaurant, tenia molts coneguts, sortia a les nits, tenia amants... En definitiva, en aquella època, jo tenia la vida que moltes persones desitgen. Però des de feia temps que em faltava alguna cosa. En un viatge de feina a l'Argentina, vaig conèixer l'home que va fer canviar la meva vida. Vaig deixar la feina i em vaig traslladar a viure amb ell a un poble del sud de l'Argentina. He après a viure d'una altra manera: més a poc a poc; he conegut una altra cultura, i n'estic encantada. Hi ha gent que no entén el meu canvi de vida, però realment és el que m'agrada i em fa sentir viva. Trobo a faltar la meva família i els amics, però gràcies a l'Skype parlem gairebé cada dia.

 Laia Gallifa

La meva filla va marxar a estudiar a Suècia als vint anys. Va conèixer un noi suec i s'hi va quedar a viure. Jo, en aquell temps, treballava de bibliotecària, vivia sola, no tenia responsabilitats i tenia molta vida social. Era una dona feliç. Fins que la meva filla es va quedar embarassada. Durant un temps no sabia què fer. Volia estar a prop del meu net, però vivia molt lluny i jo tenia la vida a Figueres. Em feia por començar una vida nova, perquè tenia 63 anys. Però vaig prendre la decisió: vaig deixar la feina, vaig llogar el pis i em vaig traslladar a Suècia. No ha sigut gens fàcil. He après una nova llengua i una nova cultura, he llogat un petit estudi a prop de casa de la meva filla i he començat a fer unes hores a la biblioteca del barri on visc.

 Àlex Ros

El meu canvi ha estat realment un canvi de forma de vida. Quan era petita em deia Alexandra i era una nena molt maca: era rossa, amb ulls blaus, prima i molt simpàtica. Duia vestits que em feia la meva mare, que era modista. Però jo volia vestir com el meu germà i jugar a pilota. En aquell moment no sabia què em passava, però no estava content amb el meu cos de nena i els meus pares veien que no era feliç. Un dia els meus pares van parlar amb mi i em van dir si volia tenir un cos de nen. Vam anar a un especialista i a partir d'aquell dia va començar el procés de canvi de sexe. Ja han passat uns quants anys de tot allò i han canviat moltes coses. He estudiat. He conegut altres persones com jo i he conegut l'Anna, la meva xicota. Ara em dic Àlex i soc feliç.

UNITAT 3

C. Torna a escoltar l'entrevista i marca el text que resumeix millor la història de la Marcel·la Vidal.

☐ **1.** La Marcel·la Vidal va decidir deixar-ho tot, perquè li van oferir una feina de recepcionista al Perú. Per això als 31 anys es va vendre el pis i el cotxe, va deixar la feina que tenia i es va traslladar al Perú.

☐ **2.** La vida de la Marcel·la Vidal era molt normal: tenia una feina fixa, vivia en un pis de propietat, tenia cotxe, etc. Però el dia a dia no la feia feliç. Per això va decidir canviar-ho tot per conèixer llocs nous al món.

☐ **3.** La Marcel·la Vidal tenia por de canviar de vida i sempre hi havia una excusa per no fer-ho: els diners, la feina o l'edat. Al final es va adonar que, si trobava tantes excuses, significava que no volia fer un canvi.

D. Has canviat algunes de les teves rutines perquè no t'agradaven? Parla'n amb un company.

> Abans anava a la feina amb cotxe i ara hi vaig amb metro perquè no vull contaminar.

F. Torna a llegir els textos de l'activitat anterior i completa la informació del quadre següent. Pots explicar els usos dels tres temps verbals del passat? Fes-ho amb un company.

	QUÈ FEIA ABANS DE FER EL CANVI?	QUÈ VA FER?	QUÈ HA FET DES QUE HA FET EL CANVI?
Gina			
Laia			
Àlex			

G. Fixa't en les expressions temporals destacades dels textos per referir-se al passat. Saps trobar un equivalent en la teva llengua? Parla'n amb un company.

TASCA INTERMÈDIA Has fet un canvi de vida important o coneixes algú que n'ha fet algun? Explica quina vida feies / feia, què vas fer / va fer quan vas decidir / va decidir canviar i què has fet / ha fet des de llavors.

PUNT SOCIOCULTURAL

TEMPS ERA TEMPS

A Abans dels telèfons mòbils, si eres al carrer i volies avisar a casa d'un imprevist o volies quedar amb un amic, per exemple, havies de trucar des d'una cabina telefònica, que podies trobar als carrers dels pobles i ciutats, i que funcionava amb monedes.

L'aparició de la telefonia mòbil ho va canviar tot i, a poc a poc, les cabines van anar desapareixent. A Barcelona només queda una cabina antiga, que ha passat a ser una icona cultural del barri.

B Abans la gent podia fumar gairebé a qualsevol espai públic: als bars, a les discoteques, als restaurants, a la feina, als platós de televisió, a les classes, etc. Als hospitals, als avions o als trens, hi havia una zona reservada per a fumadors.

A partir del 2011, amb la llei antitabac, va quedar prohibit fumar a qualsevol espai col·lectiu tancat i en alguns espais oberts com els parcs infantils.

C Durant molt de temps, l'única relació de parella possible era el matrimoni religiós entre un home i una dona. Els canvis socials van afavorir altres relacions de parella i altres formes de viure conjuntament. A l'Estat espanyol, el matrimoni civil, sense cap lligam amb l'Església, va ser possible a partir del 1978; les parelles del mateix sexe van poder-se casar a partir del 2005, i a Catalunya, el 2017, va començar a funcionar el registre de parelles estables, una nova manera de confirmar la convivència entre dues persones sense estar casades.

UNITAT 3

A. En grups de quatre. Cada persona llegeix un text i l'explica als companys del grup. Després comenteu les informacions.

> No sabia que abans es podia fumar a tot arreu.
>
> Que fort!
>
> Quina diferència!

B. Llegeix els títols següents i marca quin és el més adequat per a cada text. I tu, quin títol posaries a aquests articles? Comenta-ho amb un company.

- [ ] Monedes per a les cabines telefòniques.
- [ ] Cues per trucar des de la darrera cabina telefònica.
- [ ] La llei antitabac va fer disminuir el nombre de fumadors.
- [ ] Fumar a tot arreu era possible.
- [ ] L'únic matrimoni vàlid actualment és per l'Església.
- [ ] Formes de viure en parella legalment vàlides.
- [ ] Un camí llarg per aconseguir el dret de vot de les dones.
- [ ] El 1933 les dones van votar per primer cop a tot el món.

text A: ....
text B: ....
text C: ....
text D: ....

D

A la Declaració Universal dels Drets Humans es diu que el dret de vot ha de ser universal i igual entre homes i dones. Però això no ha estat sempre així. Durant molts anys, els únics que podien votar eren els homes. Les coses van canviar gràcies a la lluita de moltes dones a favor del seu dret de vot.
A Catalunya, al País Valencià i a les Illes, les dones van poder votar per primera vegada a les eleccions de 1933; a la Catalunya del Nord, les dones van votar per primer cop el 1945; i a Andorra, les primeres eleccions en què van participar les dones es van fer el 1971.

PISTA 18

C. Escolta la tertúlia d'un programa de ràdio en què parlen d'alguns costums socials que han canviat. Marca els canvis de què parlen. Quin et sorprèn més? Parla'n amb els teus companys.

- [ ] No portar cordat el cinturó de seguretat
- [ ] Gravar la música en cassets
- [ ] Haver de demanar permís al pare o al marit per treure's el carnet de conduir
- [ ] Mirar els mapes de carreteres en paper
- [ ] Anar amb moto sense casc
- [ ] No poder estudiar català a l'escola

D. Pensa en algun canvi en la manera de fer o de viure de la gent del teu país o d'algun lloc que coneguis i explica'l als companys.

cinquanta-set [57]

GRAMÀTICA

Imperfet d'indicatiu

Usem l'imperfet d'indicatiu per:
– descriure com eren les persones o les coses en un passat.

> Abans la Mireia **era** molt tímida i tancada.
>
> Quan tenies quinze anys, **portaves** ulleres i **duies** els cabells arrissats.

– descriure una situació del passat, habitual o repetida.

> Quan **festejàvem** ens **trucàvem** cada dia dues o tres vegades.
>
> Jo abans **guanyava** molts diners, **viatjava** molt sovint, **menjava** cada dia en un restaurant i **tenia** molts amics.

portar	voler	tenir
portava	volia	tenia
portaves	volies	tenies
portava	volia	tenia
portàvem	volíem	teníem
portàveu	volíeu	teníeu
portaven	volien	tenien

ser	fer	dur
era	feia	duia
eres	feies	duies
era	feia	duia
érem	fèiem	dúiem
éreu	fèieu	dúieu
eren	feien	duien

Soler i acostumar

Els verbs **soler** i **acostumar** serveixen per expressar accions freqüents o repetides, i es posen davant de l'infinitiu que expressa l'acció. El verb **acostumar** va sempre seguit de la preposició **a**.

> Quan érem petits, **solíem** anar de colònies a l'estiu. = Quan érem petits, **acostumàvem a** anar de colònies a l'estiu.

Passat perifràstic d'indicatiu / perfet d'indicatiu / imperfet d'indicatiu

Usem el passat perifràstic d'indicatiu i el perfet d'indicatiu per explicar situacions acabades en el passat: la situació a què ens referim va passar o ha passat en un moment que es va acabar o s'ha acabat.

Usem l'imperfet per descriure les qualitats o les característiques d'una persona o d'un objecte, i per descriure una situació del passat, habitual o repetida.

Jo abans treballava en una companyia internacional, guanyava molts diners, comprava roba cara, viatjava molt sovint, menjava cada dia al restaurant, tenia molts coneguts, sortia a les nits... Era una dona atractiva: duia els cabells arrissats i llargs i tenia les cames molt llargues.

En un viatge de feina a l'Argentina, vaig conèixer l'home que va fer canviar la meva vida. Vaig deixar la feina i em vaig traslladar a viure amb ell a un poble del sud de l'Argentina. He après a viure d'una altra manera: més a poc a poc; he conegut una altra cultura, i n'estic encantada.

UNITAT 3

LÈXIC

1. Completa els verbs per descriure una persona.

FER	mala cara
TENIR	
DUR	
SER	

2. Completa el mapa conceptual.

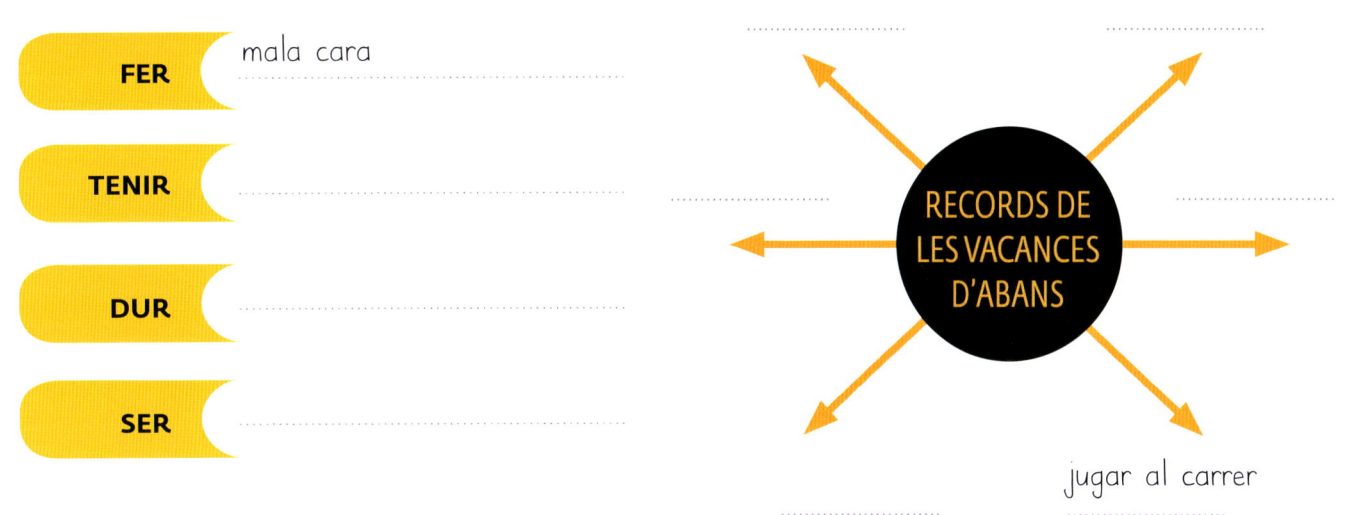

RECORDS DE LES VACANCES D'ABANS

jugar al carrer

FONÈTICA I ORTOGRAFIA

 1. Llegeix les formes de l'imperfet d'indicatiu i marca'n la síl·laba tònica. Després, escolta l'àudio i verifica si ho has fet bé.
PISTA 19

1. parl**a**va
2. tenies
3. dormien
4. solia
5. jugaven
6. volien
7. cantaves
8. sortia
9. volies
10. sortien
11. podia
12. tenien

 2. Llegeix les formes de l'imperfet d'indicatiu i marca'n la síl·laba tònica. Després, escolta l'àudio i verifica si ho has fet bé. Quina diferència hi ha amb les formes de l'activitat anterior?
PISTA 20

1. d**u**ia
2. feies
3. deies
4. feia
5. reien
6. deien
7. feien
8. duien
9. reia
10. duies

 3. Escolta els verbs següents i marca la persona verbal que diuen. Pots deduir la norma d'accentuació de l'imperfet d'indicatiu? Parla'n amb el teu company.
PISTA 21

	nosaltres	vosaltres
1	fèiem	fèieu
2	volíem	volíeu
3	teníem	teníeu
4	dúiem	dúieu
5	sortíem	sortíeu
6	solíem	solíeu
7	dèiem	dèieu
8	passàvem	passàveu
9	érem	éreu
10	jugàvem	jugàveu

PUNT D'ARRIBADA

TASQUES

TASCA COL·LECTIVA

A. En grups, feu una pluja d'idees dels jocs a què jugàveu quan éreu petits. Trobeu-ne alguns en comú i busqueu a internet el nom dels jocs en català.

B. Expliqueu-vos on, quan i amb qui hi jugàveu, i si us agradava jugar-hi.

C. Elaboreu un cartell amb tota la informació sobre els jocs i afegiu-hi alguna fotografia o algun dibuix. Podeu fer un cartell tradicional o podeu crear un cartell digital en línia.

D. Feu la presentació del cartell. Responeu les preguntes que us facin els companys, aclariu aspectes que no quedin clars, etc.

Fem balanç

1. Ara sé...

	♥	☺	☹
Descriure com era abans algú.			
Explicar rutines del passat.			
Explicar canvis personals.			

2. Comentaris sobre la tasca.

UNITAT 3

TASCA INDIVIDUAL

A. Escull una fotografia teva de quan eres petit i escriu la teva descripció física i de caràcter d'aquella època. Comenta algun canvi des de llavors. Fes-ho amb ordinador perquè no se't reconegui la lletra.

B. Dona el full amb el text de la descripció i la fotografia al professor, que penjarà, a la classe, el full i la foto, per separat.

C. Llegeix la descripció dels companys i relaciona-la amb una fotografia. Després digues quin company de classe és.

3. Avalua la tasca dels teus companys i comenta'ls la teva valoració.

La presentació és completa.	♥ ☺ ☹
Utilitza continguts de la unitat.	♥ ☺ ☹
El lèxic és adequat.	♥ ☺ ☹

4 Com a casa, enlloc

TASQUES INTERMÈDIES
- Descriure l'espai que agrada més d'una casa
- Enregistrar un vídeo en què s'explica com és la casa on es viu
- Donar consells per tenir el dormitori més endreçat

TASQUES FINALS
- Proposar canvis per millorar l'espai en una casa
- Descriure la casa d'una persona famosa

PUNT DE PARTIDA

Que acollidora!

A. Quins dels comentaris següents et suggereix la fotografia? Per què?

- ☐ És més aviat clàssica.
- ☐ Em recorda la casa d'un amic meu.
- ☐ Està més ordenada que casa meva.
- ☐ Sembla una casa de revista de decoració.
- ☐ No és una casa de veritat.
- ☐ No m'agrada l'estil.

B. Llegeix les paraules i relaciona-les amb els objectes que hi ha a la fotografia.

EL COIXÍ   EL TAMBORET   EL LLUM
LA NEVERA   L'AIRE CONDICIONAT   EL RENTAPLATS
EL SOFÀ   EL MICROONES   LA CATIFA

C. Classifica els objectes de l'activitat anterior en les categories següents.

MOBLES I DECORACIÓ	ELECTRODOMÈSTICS

D. T'agraden la cuina i el menjador en un mateix espai? Quins avantatges i inconvenients hi trobes? Parla'n amb un company.

A mi no m'agrada perquè sempre tinc la cuina desordenada.

Però és molt pràctic.

PUNT 1

CASES singulars

A. Busca informació sobre els personatges de la llista i digues per què són famosos. Després, relaciona cada personatge amb una ciutat. Has visitat la casa d'alguna persona famosa? Parla'n amb un company.

- JOAN MIRÓ
- ROBERT GRAVES
- RAMON CASAS
- SANTIAGO RUSIÑOL
- PAU CASALS

- DEIÀ
- MONT-ROIG DEL CAMP
- SANT BENET DE BAGES
- SANT SALVADOR
- SITGES

B. Llegeix el text següent, que descriu les dues cases de Pau Casals, i marca a quina casa correspon cada frase del quadre de sota.

LES CASES DE PAU CASALS

Val la pena anar-se'n cap a la comarca del Baix Penedès per conèixer els escenaris de la vida de Pau Casals, violoncel·lista, director i compositor musical català. La seva gran contribució al món de la música va ser la innovació en la interpretació amb el violoncel. La seva interpretació d'*El cant dels ocells* es va convertir en un símbol de pau i llibertat arreu del món.

La casa on va néixer Pau Casals està situada al carrer de Santa Anna, 4, al centre del Vendrell. L'edifici conserva l'ambient d'una casa de finals del segle XIX d'una família molt humil. És un edifici de quatre plantes alt i estret. Als baixos hi ha una botiga. El primer pis i el segon tenen un balcó i una finestra quadrada. A la primera planta hi ha un menjador petit, amb un piano, i una cuina senzilla, pintada de blanc i blau, amb un rebost. Els dormitoris són a la segona planta: tots tenen un llit i tauletes de nit. A l'últim pis hi ha les golfes.

També es pot visitar la Vil·la Casals, que avui és la seu del Museu Pau Casals. És al barri marítim de Sant Salvador, a tres quilòmetres del nucli urbà del Vendrell, davant del mar. La casa, que es troba a l'extrem sud de la platja, va ser pensada inicialment com una petita casa d'estiueig de dues plantes que al llarg dels anys i després de diverses intervencions es va convertir en un edifici molt més ampli, amb un jardí. Al costat del jardí hi ha una sala de concerts i altres sales per exposar la col·lecció d'art, una pista de tennis i un hort. A finals dels anys 20 del segle passat, s'hi van construir unes cases per als convidats i es va fer alguna modificació a la terrassa. Des de l'entrada, a través del passadís, es pot veure el mar per uns grans finestrals. Hi ha mobles elegants però senzills: aparadors, taules, butaques... i també els instruments del músic. Pau Casals no va poder gaudir de la casa perquè el 1939, després de la Guerra Civil espanyola, es va exiliar i no va tornar mai més a Catalunya.

	CASA ON VA NÉIXER	VIL·LA CASALS
1. És al mig del poble.	☐	☐
2. És una casa per passar-hi les vacances.	☐	☐
3. És a la platja.	☐	☐
4. S'hi van fer reformes.	☐	☐
5. Pau Casals hi va viure de petit.	☐	☐
6. Té més plantes.	☐	☐

UNITAT 4

C. Fixa't en les estructures destacades del text anterior i digues de quin color són, segons les funcions del quadre.

> Per situar la casa es fan servir les estructures de color: ....
> Per explicar la distribució dels espais i on són les coses es fan servir les estructures de color: ....

D. Busca en el text de l'activitat **B** les estructures equivalents a les frases que hi ha a continuació. Fixa't en els canvis que s'hi produeixen. Fes-ho amb el teu company.

1. La botiga és als baixos. = ...
2. El menjador, la cuina i el rebost són a la primera planta. = ...
3. A la segona planta hi ha els dormitoris. = ...
4. Les golfes són a l'últim pis. = ...
5. La sala de concerts és al costat del jardí. = ...

E. Busca en el text de l'activitat **B** els noms de les parts de la casa i completa el quadre següent. Hi ha alguna part de la casa que has escrit i que no tens a casa teva? Parla'n amb un company.

parts de la casa

els balcons

F. Escolta el reportatge sobre la Casa Bloc de Barcelona i completa la fitxa següent amb la informació que sentiràs.

CASA BLOC

Principis: llum, ventilació i higiene

Ubicació: ....

Inici del projecte: ....

Arquitectes: Josep Lluís Sert, Joan Baptista Subirana i Josep Torres Clavé

Quantitat d'habitatges: ....

Pensat inicialment per a: ....

Ocupat finalment per: ....

Característiques: ....

G. Llegeix la descripció del pis museu de la Casa Bloc, assegura't d'entendre'n el lèxic sobre les parts del pis i escriu-les al plànol. Compara el resultat amb el d'un company.

L'habitatge 1/11 és un dúplex de 60 m² situat al bloc 2, planta 1, porta 11. La distribució interna és molt senzilla i diferencia clarament dues zones en dues plantes: a baix, hi ha la part de dia i a dalt, la de nit. A la planta inferior hi ha l'entrada o rebedor. Entrant, trobem un corredor: a mà dreta, hi ha un lavabo amb vàter i al costat hi ha un safareig amb dutxa. A mà esquerra, davant del bany, hi ha la cuina. Al fons del menjador i sala d'estar hi ha una terrassa.

Des del menjador hi ha una escala a mà esquerra, que duu a la planta superior. Pugem i trobem, davant per davant, dues habitacions, que són els dormitoris. Un dormitori gran i un altre de més petit. Totes les estances donen a l'exterior, tenen llum i ventilació naturals. Els altres elements que es poden veure, com les rajoles, les portes o les aixetes, són originals dels anys 30. El mobiliari també és de l'època, com la taula, les cadires o el llit.

H. Fixa't en les expressions de lloc destacades en el text anterior i busca'n una d'equivalent en la teva llengua.

TASCA INTERMÈDIA Pensa en un pis o casa d'algú que coneguis (familiar, amic, etc.) que t'agradi molt. Escriu un text en què descriguis el pis o la casa. Explica on és, com és i quin espai t'agrada més. Després, en grups, poseu els textos en comú i trieu entre tots quins són els espais de les cases que agraden més.

seixanta-cinc [65]

PUNT 2

LLOGAR O COMPRAR?

A. Llegeix els titulars següents i comenta'n el significat amb els companys.

> «JUBILATS BUSQUEN COMPANY DE CASA»

> «ELS TURISTES EM PAGUEN LA HIPOTECA DEL PIS»

> «LES DIFICULTATS PER TROBAR **LLOGUER ASSEQUIBLE** A EIVISSA CAUSEN LA **FUGIDA DE PROFESSIONALS**»

> A Eivissa els lloguers són caríssims!

> «OCUPES D'ESTIU AMB PISCINA I JARDÍ»

> EL GOVERN REBAIXA EL PREU DEL LLOGUER DELS PISOS DE PROTECCIÓ OFICIAL

> PALMA PROHIBEIX LLOGAR PISOS A TURISTES

B. Llegeix les paraules del núvol, ajuda't del diccionari si ho necessites i classifica-les en un dels dos tipus de pisos o amb tots dos, que hi ha a sota. Després, demana als teus companys si viuen en un pis de lloguer o de compra.

L'AGÈNCIA IMMOBILIÀRIA
LES DESPESES DEL NOTARI
LES DESPESES DE COMUNITAT
EL MES DE DIPÒSIT
l'escriptura
EL XEC BANCARI
LA FIANÇA
L'AVAL
EL CONTRACTE DE LLOGUER
LLOGAR
EL LLOGUER
LA HIPOTECA
ELS IMPOSTOS DE COMPRA-VENDA

PIS DE LLOGUER

PIS DE COMPRA

UNITAT 4

C. Llegeix els anuncis següents. Quin creus que té el lloguer més alt? Parla'n amb un company.

VENDA I LLOGUER D'HABITATGES

hàbitats

Poblacions: Totes
Preu: Mínim — Màxim
Superfície: sense límits
Habitacions: +1 +2 +3 +4 +5
Tipus d'immoble: ☐ pis ☐ dúplex ☐ casa ☐ àtic

Buscar

Àtic de 70 m². Reformat i molt lluminós.
Ben situat. Sala d'estar-menjador, cuina equipada: nevera, rentadora, assecadora, rentavaixelles, cuina de gas, forn, campana i microones. 1 bany amb plat de dutxa, 2 habitacions amb armari. Calefacció, aire condicionat fred / calor. Traster. Terra de parquet. Ascensor. Plaça d'aparcament.

Casa de pedra de 2 plantes. Zona residencial.
Planta baixa: rebedor, estudi, sala d'estar amb llar de foc, menjador, cuina gran i equipada, rebost, lavabo i safareig. Primera planta: 3 habitacions, dues de dobles, armaris encastats, 2 banys complets amb banyera, lavabo i bidet. Jardí i piscina. Hi toca el sol tot el dia.

Apartament cèntric. Assolellat. 2 balcons.
Menjador, cuina oberta i equipada. Una habitació i un bany. Galeria que dona al celobert amb rentadora. Completament moblat: llit doble, tauleta de nit, taula, cadires, sofà llit, armari. Disposa de televisió i caixa forta. Sense ascensor. Despeses de llum, aigua i gas incloses.

D. Llegeix els missatges i marca a quin dels pisos anunciats en l'activitat **C** es refereixen. Després, completa l'anunci amb les informacions del diàleg que no hi apareixen.

buscant pis
última vegada avui a les 20:30

Marc
Ja hem trobat pis! Fa uns 50 m² i té dos balcons que donen al carrer.

Ona
Hi ha ascensor? De calefacció, en té? Té wifi? Hi ha electrodomèstics?

Marc
Quantes preguntes! No hi ha ascensor, però és un segon pis. Té calefacció, però de wifi, no en té. I d'electrodomèstics, sí que n'hi ha: nevera, microones, rentaplats, rentadora...

E. Fixa't en les estructures destacades dels textos de l'activitat anterior per demanar els serveis del pis i completa el quadre següent. Quins canvis es produeixen entre les dues estructures?

D'ascensor, n'hi ha? = ...
.... = Té calefacció?
De wifi, en té? = ...
D'electrodomèstics, n'hi ha? = ...

F. Quins electrodomèstics tens a casa i quins et semblen més necessaris? Parla'n amb un company.

> La nevera és imprescindible. Tu en tens?
>
> Sí, sí que en tinc.

G. Escolta la conversa entre un agent immobiliari i una clienta, que han anat a veure un pis, i agafa apunts de la informació. Compara-la amb la del teu company.

PISTA 23

H. Fixa't en les frases que hi ha a continuació, corresponents a l'àudio de l'activitat anterior, i digues quan fem servir les paraules destacades. Fes-ho amb el teu company.

Això és el menjador i aquí al costat hi ha la sala d'estar.

Aquesta és l'habitació mitjana i aquella, la petita.

Aquest és el lavabo gran i aquest és el lavabo petit.

Aquí davant hi ha la cuina i això és un safareig.

Aquí tens la terrassa.

TASCA INTERMÈDIA Enregistra un vídeo de casa teva. Ves ensenyant i explicant els diferents espais de la casa a mesura que vas gravant. Ensenya la gravació als companys, que poden demanar-te més informació.

seixanta-set [67]

PUNT 3

Tot al seu lloc

A. Llegeix les paraules següents i assegura't que n'entens el significat. Et consideres una persona ordenada? Parla'n amb un company.

ENDREÇAR LLENÇAR BUIDAR CLASSIFICAR
GUARDAR DESFER-SE (D'UNA COSA)
DESAR SER DESENDREÇAT
POSAR ORDRE CONSERVAR

> Jo soc molt ordenada. M'agrada tenir les coses al seu lloc.

C. Llegeix els comentaris sobre l'article que alguns lectors han deixat al fòrum del diari. T'identifiques amb algun d'ells? Parla'n amb un company.

Laura	A mi aquesta història de la guru japonesa no em convenç. És de sentit comú que hauria d'endreçar els calaixos, els armaris i els prestatges de l'habitació, però per què hauria de llençar coses? A mi i al meu home ens agrada guardar coses antigues: roba, fotos, llibres, records, joguines... Sense persones com nosaltres què farien els historiadors i els museus?
Ignasi	S'hauria de seguir l'instint. Si a vosaltres no us agrada llençar, no hauríeu de llençar, que després us sabrà greu!
Pep	Has parlat amb la meva mare, Marie Kondo? Em sembla que us heu aliat contra mi! "Hauries de donar la roba que no et poses! Aquesta habitació s'hauria d'endreçar de dalt a baix! Tens la taula plena de papers; els papers que no fas servir, hauries de llençar-los. El lavabo, hauries de netejar-lo cada dia. La cadira no és un armari: la roba bruta, hauries de deixar-la a la rentadora i la neta, a l'armari, i les sabates, hauries de posar-les al sabater...". Ja ho veus, Marie Kondo, tens una fan, però no soc jo, és la meva mare!
Helena	Els fills haurien de fer cas a les mares! Les mares sempre donen bons consells.
Tòfol	Pel que fa al mòbil i a l'ordinador, sí, hi estic d'acord. Jo de tant en tant buido el mòbil, si no, de seguida és ple i no tinc espai per a res. També s'hauria de fer neteja de tot el que tenim al núvol! Normalment, a part de les fotos, no mirem cap document que ja fa més de dos anys que vam penjar-hi! És com la taula: si no la tens endreçada, no pots estudiar bé.
Sebastià	Hi estic d'acord. Hauríem d'esborrar coses, hauríem de netejar el ciberespai, tenim massa coses al núvol.

D. Fixa't en les estructures en condicional del quadre següent, que serveixen per donar consells, i busca exemples als textos de l'activitat anterior. Quines formes són personals i quines, impersonals? Fes-ho amb un company.

S'hauria	
Hauria Hauries Hauria Hauríem Hauríeu Haurien	de + infinitiu

UNITAT 4

B. Llegeix l'article següent i busca-hi les paraules de l'activitat anterior. Després, subratlla les idees principals de l'article. Fes-ho amb un company. Esteu d'acord amb el que proposa Marie Kondo?

ENDREÇAR CASA TEVA ET CANVIARÀ LA VIDA

La japonesa Marie Kondo s'ha convertit en una 'celebrity' mundial gràcies al seu revolucionari mètode per posar ordre.

"Posar ordre al teu espai et canviarà la vida per sempre". Així de contundent és la promesa de Marie Kondo, la guru japonesa de l'ordre, amb milions de seguidors a mig món. Kondo és autora del best-seller *La màgia de l'ordre* i està considerada una de les 100 persones més influents del món, segons la revista *Time*.

Però què és el que proposa Marie Kondo que agrada tant a la gent? Doncs que el seu mètode no només vol ajudar a posar ordre sinó que busca "transformar la vida". Per a aquesta japonesa hi ha un punt clau i és que ser desendreçat no és hereditari ni té res a veure amb la falta de temps. Per tant, segons ella, el seu mètode el pot aplicar tothom (amb ganes de fer-ho, és clar). Una de les claus del seu revolucionari sistema és que "gairebé ningú és conscient de tot el que té". La seva filosofia és que cal buidar armaris i calaixos per veure què tenim: només cal conservar allò que ens produeix alegria. La resta s'ha de llençar. "Crec que hauríem de guardar només les coses que ens aporten felicitat. Per a alguns seran moltes; per a altres, poques".

Un cop ens hem desfet de tot el que no ens produeix alegria, Kondo proposa classificar i endreçar els objectes per categories i treure el màxim rendiment a armaris i calaixos. Per a ella l'emmagatzematge en vertical és clau. Recomana no apilar mai les coses –llibres, papers o roba– perquè es perd molt d'espai, no es veu res i quan treus el que hi ha a sota et cau el que hi ha a sobre. Ella aconsella desar-ho tot verticalment, fins i tot la roba.

Thaïs Gutiérrez, *Ara* (adaptació)

E. Fixa't en la posició dels pronoms de les frases següents i busca als textos de l'activitat **C** una frase equivalent. Com canvia la forma dels pronoms? Parla'n amb un company.

> Els papers que no fas servir, els hauries de llençar. = ...
> El lavabo, l'hauries de netejar cada dia. = ...
> La roba bruta, l'hauries de deixar a la rentadora. = ...
> Les sabates, les hauries de posar al sabater. = ...

 F. Escolta les experiències que tres seguidors del mètode han deixat al contestador automàtic d'un programa de ràdio que parla sobre la proposta de Marie Kondo. Escriu els consells que es dedueixen de cada experiència.

Hauríem d'endreçar els armaris de l'habitació.

G. En parelles, observeu el dibuix i digueu què s'hauria de fer per endreçar l'habitació. Escriviu els consells i compareu-los amb els que han escrit els companys.

TASCA INTERMÈDIA Descriu al teu company el teu dormitori i digues si creus que està ordenat. Pots dibuixar l'habitació. A partir de la descripció i de l'explicació, demana-li que et digui alguns canvis perquè l'habitació estigui més endreçada i tenir-hi més espai.

PUNT SOCIOCULTURAL

MÉS ENLLÀ DE GAUDÍ

ENRIC MIRALLES I BENEDETTA TAGLIABUE

Enric Miralles va morir l'any 2000, però continua sent un referent en moltes escoles d'arquitectura i té obres per tot Europa i al Japó. És autor d'edificis com el centre cívic del barri de la Mina de Barcelona, però també paisatgista: va remodelar la Rambla de Reus i l'avinguda Icària de Barcelona. El defineix un estil orgànic molt personal que possiblement es va inspirar en l'arquitectura de Gaudí. Va treballar amb la seva primera parella, la també arquitecta Carme Pinós, i, més tard, va obrir un estudi amb la seva segona companya sentimental, l'arquitecta Benedetta Tagliabue. Tots dos van rehabilitar el mercat de Santa Caterina de Barcelona i el Parlament d'Escòcia, projecte que Miralles no va poder veure acabat.

Mercat de Santa Caterina (Barcelona)

RICARD BOFILL

La carrera professional de Ricard Bofill va començar en el món del cinema, però aviat va descobrir que la seva passió era l'arquitectura. Tant en l'hotel que va projectar de cara al mar en forma de vela a Barcelona com en la nova terminal de l'aeroport del Prat de Llobregat, demostra el seu gust per les proporcions i l'harmonia que definia l'art de l'antiga Grècia. Però Bofill està íntimament associat al Walden 7 de Sant Just Desvern, un edifici de quinze plantes que va projectar amb la col·laboració d'enginyers, filòsofs o sociòlegs. La idea era crear una petita ciutat dins de l'edifici, on els veïns trobessin espais de convivència. Es diu que encara ara, l'associació de veïns dels Walden 7 és la més activa de la ciutat.

Walden 7 (Sant Just Desvern)

UNITAT 4

RAFAEL ARANDA, CARME PIGEM I RAMON VILALTA

RCR Aquitectes (inicials dels noms dels tres socis fundadors) ha aconseguit cridar l'atenció de l'arquitectura mundial des de la petita localitat d'Olot, a la Garrotxa. Cadascun dels seus projectes és original i molt expressiu, però tots tenen en comú la seva adaptació amb el paisatge on se situen. En són un bon exemple les intervencions dels arquitectes a la zona volcànica de la Garrotxa. El seu talent ha traspassat les fronteres de la Garrotxa i reben encàrrecs de poblacions catalanes, però també de l'estranger. Han rebut els màxims premis en arquitectura de França, d'Anglaterra i dels Estats Units. El seu esperit innovador els ha portat a crear un laboratori d'arquitectura obert a totes les universitats del món.

3

Espai públic del teatre La Lira (Ripoll)

A. Llegeix els tres textos i decideix quin títol és més adequat per a cadascun.

☐ Retorn als clàssics

☐ L'arquitectura dins del paisatge

☐ Homenatge a Gaudí

B. Observa els edificis de les fotografies i digues quin t'agrada més i per què. Parla'n amb el teu company.

M'agrada molt el mercat de Santa Caterina perquè és modern i pràctic.

C. (PISTA 25) Escolta la notícia i completa les frases següents. T'agradaria viure en un habitatge com el que es descriu? Parla'n amb un company.

La promoció és a ...., a l'illa de ....

La promoció ha guanyat ja .... premis.

L'aïllament dels habitatges està fet amb ...., una planta que creix .... del mar.

El preu del lloguer és de .... al mes.

D. Quin arquitecte del teu país o d'altres que hagis conegut t'agrada més? Quin edifici recomanaries al teu company de visitar?

PUNT DE SUPORT

GRAMÀTICA

Ser / haver-hi

Utilitzem **ser** per localitzar un element. En alguns casos, podem utilitzar també: **trobar-se**, **estar situat**.

*El menjador **és** al primer pis.*
*El lavabo **és** entrant a mà dreta.*
*La casa d'estiueig **es troba** a l'extrem sud de la platja.*
*La casa de Pau Casals **està situada** al centre del Vendrell.*

Utilitzem **haver-hi** per expressar la presència o l'existència d'un element.

*Al primer pis **hi ha** les habitacions.*
*Entrant a mà dreta **hi ha** el lavabo.*

Pronom en

El pronom feble **en** representa el nom de l'objecte directe, quan aquest nom és concret i indeterminat (no porta cap determinant). Per fer èmfasi en l'objecte directe, podem dir primer el nom de l'objecte precedit de la preposició **de** i després la frase amb el pronom **en**.

*D'ascensor, **en** té? = Té ascensor?*
*I **de** calefacció, **n'**hi ha? = Hi ha calefacció?*

Això / allò / aquest / aquell

Utilitzem **això** o **allò** per anomenar un objecte present, proper o llunyà, del qual desconeixem el nom, i també quan assenyalem o mostrem un espai, proper o llunyà, que no volem o no podem especificar en forma de nom.

Això és el menjador i allò la cuina.

Utilitzem **aquest**, **aquesta**, **aquests**, **aquestes**, **aquell**, **aquella**, **aquells**, **aquelles** quan assenyalem un espai i volem diferenciar-lo d'un altre de la mateixa categoria.

Aquesta és l'habitació de la Maria i aquella, la de la Nora.

Haver de + infinitiu

Per donar consells podem utilitzar la perífrasi d'obligació **haver de** + infinitiu, en condicional, perquè suavitza l'obligatorietat que dona la mateixa expressió en present d'indicatiu.

condicional del verb **haver**		
impersonal	s'hauria	
personal	hauria hauries hauria hauríem hauríeu haurien	de + infinitiu

S'hauria d'ordenar l'habitació.
(forma impersonal)

Pep, hauries d'ordenar l'habitació.
(forma personal)

Pronoms el, la, els, les, darrere d'infinitiu

Quan alguns pronoms van darrere del temps verbal (perifràstic i perífrasis d'infinitiu i gerundi) canvien la forma.

davant del verb		darrere del verb
el verb comença amb consonant	el verb comença amb vocal	el verb acaba en consonant
el	l'	-lo
la	l'	-la
els		-los
les		-les

*El lavabo, **el** netejo / **l'**he netejat / hauria de netejar-**lo** cada dia.*
*La roba, **la** vaig desar / **l'**he desat / hauries de desar-**la** a l'armari.*
*Els llibres, **els** poso / **els** he posat / hauries de posar-**los** al prestatge.*
*Les sabates, **les** posem / **les** hem posat / hauríem de posar-**les** al sabater.*

[72] setanta-dos

UNITAT 4

LÈXIC

1. Fes un dibuix per representar el significat de cadascuna de les paraules següents.

A BAIX A DALT ENTRANT A MÀ DRETA

A MÀ ESQUERRA DAVANT AL COSTAT AL FONS

2. Completa els mapes conceptuals.

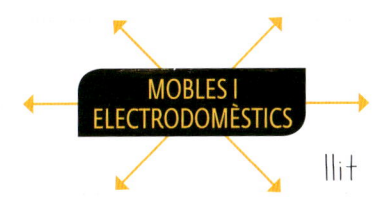

llit

cuina

calefacció

3. Completa les paraules com a l'exemple.

 del notari

FONÈTICA I ORTOGRAFIA

 1. Llegeix les parelles de paraules i encercla la combinació ll i la lletra l. Després, escolta les paraules i fixa't com es diferencien els dos sons.

1. senzilla – família
2. acollidor – ventilació
3. llar de foc – lavabo
4. lloguer – localitat
5. ocells – Casals
6. Bofill – estil
7. enlloc – en l'ordre
8. millora – jubilat

 2. Llegeix les paraules de l'activitat anterior en veu alta i després escolta-les de nou per comprovar si les pronuncies bé. Existeix un so com la ll en la teva llengua? Com s'escriu? Parla'n amb el teu company.

TASQUES

TASCA COL·LECTIVA

A. Formeu grups. Trieu una persona de cada grup que vulgui fer canvis a casa seva. Dibuixeu el plànol de la casa tal com és ara: la distribució dels espais, els mobles que hi ha, etc. Un cop acabat, intercanvieu-lo amb el d'un altre grup.

B. Mireu el plànol i comenteu les propostes de canvis que penseu que es podrien fer per millorar-la: canvis en la distribució de la casa o en la col·locació dels mobles.

C. A partir de les propostes que heu comentat, dibuixeu un plànol nou amb els canvis que s'haurien de fer.

D. Presenteu a la resta de la classe el plànol inicial de la casa i el plànol amb les propostes noves. Expliqueu els canvis que heu fet i per què els heu fet.

Fem balanç

1. Ara sé...

Descriure un pis o una casa i la seva distribució.	♥	☺	☹
Expressar els requisits per llogar o comprar un habitatge.	♥	☺	☹
Donar consells per redecorar o endreçar la casa.	♥	☺	☹

2. Comentaris sobre la tasca.

UNITAT 4

TASCA INDIVIDUAL

A. Escull un personatge important que tingui una casa visitable.

B. Busca per internet imatges i informació de la casa.

C. Fes una presentació de la casa: digues el lloc on està situada, descriu la casa, explica per què és famosa, etc.

3. Avalua la tasca dels teus companys i comenta'ls la teva valoració.

La presentació és completa.	♥ ☺ ☹
Utilitza continguts de la unitat.	♥ ☺ ☹
El lèxic és adequat.	♥ ☺ ☹

5 Fem les maletes!

TASQUES INTERMÈDIES

- ▶ Fer una llista d'avantatges i inconvenients dels mitjans de transport
- ▶ Esbrinar qui pensa fer més activitats el cap de setmana
- ▶ Proposar activitats segons la previsió meteorològica

TASQUES FINALS
▶ Proposar un lloc per anar de viatge i planificar-lo
▶ Dissenyar una ruta turística

PUNT DE PARTIDA

Necessito vacances!

A. Llegeix les paraules següents i tria'n tres que relacionis amb el teu concepte de vacances. Quines altres paraules hi pots afegir?

| GUIA ☐ | MOTXILLA ☐ | PLATJA ☐ |
| CREUER ☐ | PASSAPORT ☐ | HOTEL ☐ |

B. Relaciona cada fotografia amb el tipus de viatge que representa.

◯ D'AVENTURA ◯ DE RELAX ◯ CULTURAL

C. I a tu, quin tipus de viatge et representa? Fes el test següent per comprovar-ho.

1. Què busques quan viatges?
   - ☐ a) Emocions fortes.
   - ☐ b) Descansar.
   - ☐ c) Conèixer la història del lloc.

2. Què és indispensable a la teva maleta?
   - ☐ a) Unes bones vambes.
   - ☐ b) El rellotge segur que no!
   - ☐ c) Una guia.

3. Amb què t'identifiques més?
   - ☐ a) Amb un paracaigudes.
   - ☐ b) Amb una hamaca.
   - ☐ c) Amb un museu.

4. Quina és la teva destinació ideal?
   - ☐ a) La selva.
   - ☐ b) Una illa de sorra blanca i aigües transparents.
   - ☐ c) Les restes d'una civilització antiga.

5. Com planifiques els viatges?
   - ☐ a) Agafo els bitllets pocs dies abans de sortir.
   - ☐ b) Sempre amb temps, per trobar un bon allotjament.
   - ☐ c) Compro entrades de tot el que vull visitar.

> **SOLUCIONS DEL TEST**
> **Majoria de respostes A: AVENTURER**
> T'agrada sentir el cor a mil i no tens por de les coses noves.
> **Majoria de respostes B: DE RELAX**
> Per a tu, viatjar vol dir buscar la tranquil·litat que no tens en el dia a dia.
> **Majoria de respostes C: CULTURAL**
> Quan viatges vols saber-ho tot del lloc on vas.

D. Digues el lloc on vas anar les darreres vacances i comprova si es correspon amb el resultat del test. Comenta-ho amb el teu company.

PUNT 1

Tot inclòs

A. Observa la imatge següent. Saps quin tipus de text conté? Fas servir eines de cerca per internet? Quines coneixes? Parla'n amb el teu company.

VIATGEM

Buscar

On vols anar?
Viella (Vall d'Aran)

Quan hi vols anar?
07/07 - 12/07

Quantes persones?
2 adults

Preu entre
0 € i 95 € per nit

Cerca

FILTRES DE CERCA

1. _____
- [ ] Hotel
- [ ] Hostal / pensió
- [ ] Apartament
- [ ] Alberg
- [ ] Casa rural
- [ ] Càmping
- [ ] Refugi
- [ ] Balneari

2. _____
0 km ---------- 20 km

3. _____
0 ---------- 5 estrelles

4. _____
- [ ] Individual
- [ ] Doble amb llit de matrimoni
- [ ] Doble amb llits individuals
- [ ] Doble amb bressol
- [ ] Triple
- [ ] 2 llits individuals i 1 llit doble
- [ ] Suite

5. _____
- [ ] Esmorzar inclòs
- [ ] Aparcament
- [ ] Piscina
- [ ] Gimnàs
- [ ] Lloguer de bicicletes
- [ ] Servei d'habitacions
- [ ] Zona infantil
- [ ] Animals admesos

6. _____
- [ ] Lavabo privat
- [ ] Aire condicionat
- [ ] Wifi gratuït
- [ ] Balcó / terrassa
- [ ] Banyera

7. _____
- [ ] Accessible amb cadira de rodes
- [ ] Adaptat per a persones cegues
- [ ] Ascensor

HOTEL LA FULLA ★★ C. des Pradets, 5, Viella

Habitació doble en allotjament familiar al centre de Viella. Tots els espais estan adaptats per accedir-hi amb cadira de rodes. Pensió completa. En Ciscu, el nostre xef, us prepararà els àpats. Pàrquing al mateix edifici (de pagament). Perfecte per a grups d'amics i parelles amb fills o sense.

CAN MIQUELET ★★★ C. dera Bonaigua, 12, Viella

Apartaments per a 3 o 5 persones. Llits amples i tots els serveis d'un pis (rentadora, estris de cuina i assecador de cabell). Servei de neteja inclòs en el preu. Facilitat d'aparcament al mateix carrer. Sense ascensor. Els gossos són benvinguts.

EL ROURE ★★ Ctra. Comarcaut, s/n , Viella

1.000 m² de terreny a 10 minuts de Viella per a tot tipus d'hostes. Cabanes de fusta amb 2, 3 i 4 habitacions. Piscina oberta a l'estiu. Serveis i dutxa comuns. Possibilitat de llogar bicicletes per dies o hores.

B. Tria un títol per a cada grup de filtres de la columna de l'esquerra de la imatge.

- [ ] Distància del centre
- [ ] Habitacions
- [ ] Instal·lacions
- [ ] Estrelles
- [ ] Serveis
- [ ] Accessibilitat
- [ ] Tipus d'allotjament

C. Llegeix els textos dels tres allotjaments que apareixen a l'activitat **A** i marca els filtres que s'han escollit per a cadascun per obtenir els resultats de la cerca.

D. Escolta la Mercè i la Marta, que planifiquen el seu pròxim viatge. Quin dels tres allotjaments de l'activitat **A** trien?

PISTA 27

E. Quin tipus d'allotjament prefereixes quan viatges? Parla'n amb el teu company.

> Jo m'estimo més agafar un apartament sencer, tinc més intimitat.

> Per a mi és important el preu. Per això busco l'allotjament més barat.

UNITAT 5

Venen turbulències

A. Llegeix l'article sobre la Noèlia Augé, una noia que tenia por de volar, i relaciona cada títol amb el paràgraf que li correspon. Tens por de volar? Parla'n amb un company.

1 Tot té solució.
2 Les alternatives a l'avió.
3 Un problema molt freqüent.

DE LA POR A LA SUPERACIÓ

○ Segons alguns estudis, una de cada quatre persones té por de volar. Les investigacions diuen que només el 10% del passatge està totalment tranquil durant el vol, i l'altre 90% pot viure-hi situacions de nervis. Això és precisament el que li passava a la Noèlia Augé.

○ La Noèlia tenia molta por de volar. En preparar les vacances, sempre buscava destinacions on arribar per terra o per mar. Quan el viatge era molt llarg, es movia amb autocar o amb l'autocaravana dels seus pares. Quan anava a prop de casa, agafava el cotxe, l'autobús, el metro o bé hi anava a peu. Volia visitar una illa? Hi anava amb vaixell o feia un creuer. Pujar a l'avió li provocava moltíssima por i nervis.

○ La seva germana, quan estudiava a Hèlsinki, va comprar bitllets a tota la família per celebrar el seu aniversari. Però la Noèlia no podia agafar l'avió. I era molt difícil arribar a Hèlsinki amb tren o vaixell. Per això, abans de marxar va decidir fer un curs per perdre la por de volar que oferia l'escola de pilots de l'aeroport de Sabadell. A partir d'aquell moment, ja va poder pujar a l'avió sense problemes.

B. Busca al text els mitjans de transport que hi apareixen i escriu-los al quadre. En coneixes algun més?

Mitjans de transport	autocar

 C. Escolta què pensen els oients d'un programa de ràdio sobre els mitjans de transport i digues si les afirmacions següents són veritables o falses.

PISTA 28

V	F	
☐	☐	1. La Paquita no va viatjar amb autocar a Alacant perquè el trajecte dura sis hores.
☐	☐	2. Segons en Biel, els vols directes a ciutats europees duren poc.
☐	☐	3. En Biel prefereix l'avió perquè tarda tres hores a arribar a Berlín.
☐	☐	4. El tren tarda molt a arribar a París, i a la Laura no li agrada.
☐	☐	5. En Llorenç s'estima més moure's amb tren per feina, perquè el viatge dura més.
☐	☐	6. Durant les vacances, en Llorenç viatja amb l'autocaravana, encara que tarda més.

D. Fixa't en els verbs **tardar** i **durar** de l'activitat anterior i completa el quadre següent amb el verb adequat.

	+ QUANTITAT DE TEMPS
el viatge, el vol, el trajecte + ...	
amb un vol directe, amb tren, amb l'autocaravana + ...	

TASCA INTERMÈDIA En grup, feu una llista d'avantatges i inconvenients dels mitjans de transport que acostumeu a fer servir. Contrasteu-la amb la d'altres grups.

setanta-nou [79]

PUNT 2

Estirar les cames

A. Llegeix els missatges següents en què tres persones expliquen els plans que tenen i escull la ruta que descriuen en cada cas.

passejada

10:10 am

Hola! Demà passat pensem sortir a caminar amb els meus fills. Vols venir? No és una ruta gaire llarga, però tampoc és curta. Segur que els nens l'aguantaran bé. No sortirem gaire d'hora. L'Èdgar ens portarà fins a l'inici amb el cotxe i ens vindrà a buscar al final. Ja veurem quin temps fa!

RUTA ◯

excursió

11:20 am

Hèctor, una cosa... Crec que la setmana que ve no vindré a l'excursió. M'encanta aquella zona, és preciosa, però tinc por perquè no estic en bon estat físic. Vosaltres sou molt ràpids i no tindreu cap problema. Segur que l'acabareu en mig dia. M'enviaràs fotos, eh! Això sí, em prepararé físicament, perquè penso venir a la pròxima sortida!

RUTA ◯

RUTA 1
Eivissa – Cala d'Hort | Temps: 2 hores 30 minuts | Dificultat: fàcil | Recorregut: 3,82 km | Pujada: 50 m | Baixada: 1 m | Circular: no

RUTA 2
Matarranya (Beseit) | Temps: 6 hores 30 minuts | Dificultat: difícil | Recorregut: 16,64 km | Pujada: 1.220 m | Baixada: 647 m | Circular: sí

RUTA 3
Serra del Montsec – Congost de Mont-rebei | Temps: 4 hores | Dificultat: moderada | Recorregut: 14 km | Caiac | Circular: sí

---

sortida

19:15 pm

Glòria! Dissabte que ve tindré la nena a casa i pensem fer una ruta una mica diferent de les de sempre. Anirem amb caiacs! És una activitat organitzada, per això després dinarem tots junts en un restaurant i visitarem alguna cosa més. La Georgina i les seves criatures també vindran. Quines ganes! Tu què faràs, el cap de setmana que ve?

RUTA ◯

👁 **B.** Les formes verbals destacades dels textos anteriors pertanyen a un temps nou, el futur. Fixa't com acaben, escriu les terminacions de cada persona i dedueix-ne la formació.

infinitiu	futur	
	jo:	-é
	tu:	
portar	ell, ella, vostè:	
veure	nosaltres:	
sortir	vosaltres:	
	ells, elles, vostès:	

[80] vuitanta

UNITAT 5

C. Quins canvis es produeixen en la conjugació dels verbs **anar**, **fer**, **tenir** i **venir** en futur? Parla'n amb el teu company.

D. Busca les formes que apareixen al text de l'activitat **A** per expressar el moment en què tindrà lloc una acció i completa el quadre. Amb un company, ordeneu-les cronològicament.

> demà passat,

E. Fixa't en les formes de l'estructura **pensar + infinitiu** que apareixen als textos de l'activitat **A**. Marca quina funció té l'estructura. Existeix en la teva llengua? Fes-ho amb un company.

☐ Expressar la voluntat de fer una cosa.
☐ Expressar una opinió positiva.
☐ Expressar un dubte.

F. Llegeix l'agenda d'activitats i esbrina a quin dels tres plans proposats a l'activitat **A** correspon la jornada organitzada.

agenda d'activitats

▶ <u>Sortim</u> del pàrquing de l'estació a les 8.30 h.

▶ <u>Esmorzem</u> al poble. A les 9.00 h <u>comencem</u> la ruta. Quan <u>arribem</u> a la base nàutica que <u>hi ha</u> a Corçà, <u>agafem</u> uns caiacs per fer una excursió pel congost. <u>Acabem</u> la ruta al mateix lloc on hem començat. El cost de totes les activitats <u>està inclòs</u> al preu final.

▶ A les 14.00 h <u>dinem</u> al Pont de Montanyana, a l'hostal. <u>Podeu consultar</u> el menú al web del restaurant.

▶ A les 17.00 h <u>arribem</u> al Parc Astronòmic del Montsec. El preu de l'entrada <u>inclou</u> una visita guiada i un tast de productes del territori.

 PISTA 29

G. Fixa't en les formes destacades del present d'indicatiu del text anterior i encercla les formes que es poden substituir pel futur. Després, escolta l'àudio i comprova si ho has fet bé.

H. Quins temps verbals podem utilitzar per expressar accions que passaran en un futur? Funciona de la mateixa manera en la teva llengua? Fes-ho amb un company.

> Per expressar accions que sabem que passaran en el futur podem usar els temps verbals de .... i de ....

TASCA INTERMÈDIA En grups, expliqueu-vos quines activitats fareu o penseu fer el cap de setmana que ve. Escriviu-les i compareu la llista amb la d'un altre grup. Quin grup té una agenda més plena?

PUNT 3

TANT SI PLOU COM SI FA SOL

A. Llegeix el primer missatge de la conversa següent. Comenta amb un company de quin tema es parla. Com ho sabeu? Assegureu-vos d'entendre les paraules destacades.

B. Llegeix les respostes de la resta de la conversa. Fixa't en les expressions meteorològiques destacades de les converses i completa el quadre amb el lèxic.

METEOPPCC @daniros

La setmana comença amb temps variable, #calor suportable i #xafogor intensa i #humitat a la costa. #núvols al litoral, #ruixats al sud i #sol a la resta del territori. Atenció, #temperatures altes.

💬 6   🔁 4   ♡ 31   ✉

METEOPPCC @meteoppcc

A Ciutadella no fa #sol, però fa molta #xafogor @meteoppcc

@meteoppcc l'heu encertat: a Ondara cau un #xàfec impressionant. Una tempesta molt violenta. Fa #llamps i #trons.

En aquest moment, #plou a les Terres de l'Ebre i a punts del Camp de Tarragona @meteoppcc

A Portbou, fa #vent: la tramuntana bufa fort. Fa #calor. No hi ha #núvols

Ara #neva al Montseny per damunt dels 1.500m @meteoppcc

Avui a Lleida fa molt #fred i hi ha #boira! Estrany, no? #meteoppcc

PISTA 30

C. Escolta la previsió del temps i dibuixa els símbols al mapa segons el temps que farà. Contrasta el resultat amb el d'un company.

D. Amb un company, comenteu si en les altres llengües que parleu les diferents condicions meteorològiques s'expressen de manera semblant a com es fa en català.

Al meu país també es diu «fa xafogor», però no en fa gairebé mai.

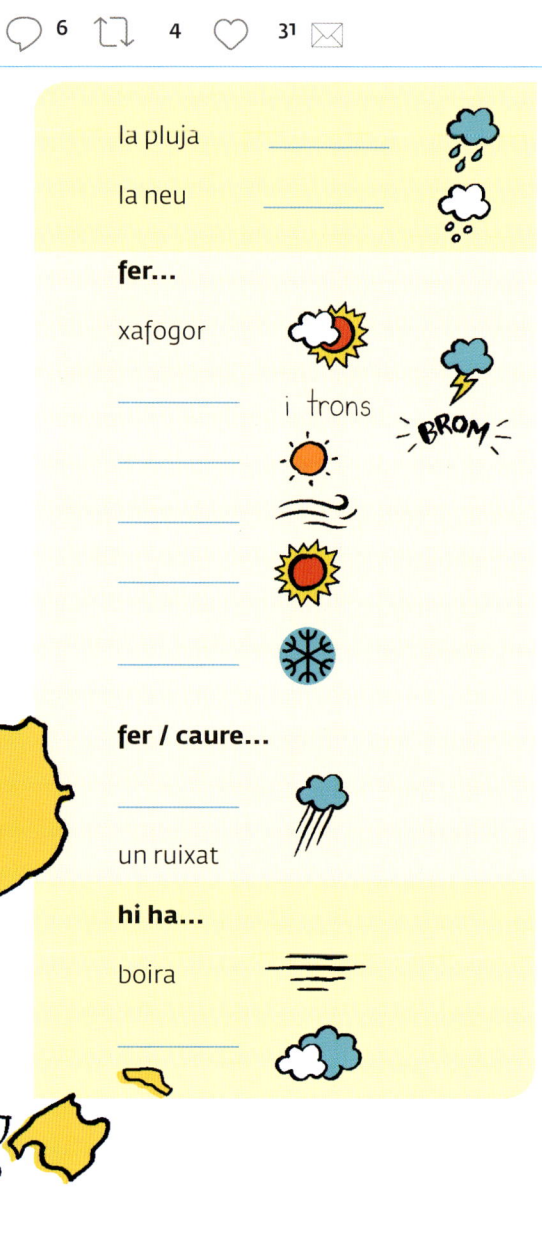

la pluja	_____
la neu	_____

fer...

xafogor
_____ i trons
_____
_____
_____
_____

fer / caure...

_____
un ruixat

hi ha...

boira
_____

UNITAT 5

E. Els oients d'un programa de ràdio truquen a l'emissora per saber quin temps farà el proper cap de setmana. Escolta què diuen i completa la informació que falta del quadre següent.

	LLOC ON VOL ANAR	ACTIVITAT QUE VOL FER	PREVISIÓ METEOROLÒGICA
Carles			
Rita	Queralbs (Vall de Núria)		
Gerard		Visitar les platges que hi ha a prop de l'Alguer.	

F. Amb un company, relacioneu les frases de les dues columnes següents perquè tinguin sentit. Després escolteu l'àudio de l'activitat anterior i uniu els plans alternatius en funció del temps meteorològic que s'hi diu.

Si cauen ruixats, ▶▶   ◀◀ segur que s'anul·la l'última part de la competició.

Si fa molt vent, ▶▶   ◀◀ no farem l'excursió.

Si fa bon temps, ▶▶   ◀◀ ens quedem al refugi.

Si fa mal temps, ▶▶   ◀◀ visitaran les platges que hi ha a prop de l'Alguer.

Si plou, ▶▶   ◀◀ haureu de visitar els museus de la ciutat.

G. Fixa't en els diferents temps verbals que apareixen a les estructures de l'activitat anterior per expressar canvis de plans i completa el quadre següent. Parla'n amb un company.

Si + present d'indicatiu, + ... / ....

H. Com t'informes de la previsió del temps? Acostumes a canviar de plans segons el temps que farà? Parla'n amb un company.

Jo acostumo a mirar el temps que farà al mòbil.

TASCA INTERMÈDIA Per parelles, consulteu la previsió meteorològica per al proper cap de setmana i, d'acord amb el temps que farà, escriviu una llista de les activitats que pot fer algú que ha vingut a passar uns dies al lloc on viviu.

PUNT SOCIOCULTURAL

RUTES LITERÀRIES

L'oferta turística evoluciona i apareixen maneres originals i úniques de promocionar el territori. Als Països Catalans, ha tingut molt èxit l'oferta de rutes temàtiques. Són itineraris per conèixer un indret a partir d'un tema específic d'interès natural, cultural, social, etc. Un exemple d'aquests itineraris són les rutes literàries, que ofereixen als visitants un viatge entranyable pels paisatges i les paraules de l'obra d'un autor o autors del territori.

Itineraris Brossa

A través de les rutes literàries per la ciutat de Barcelona es pot descobrir la figura del poeta Joan Brossa, el context històric, artístic i cultural en què va viure, i es poden recórrer els espais de la capital catalana on hi ha obres i projectes urbans de l'autor. Fins i tot hi ha una ruta, que duu el nom de "B de bicicleta", per descobrir sobre dues rodes tots els racons de Barcelona on es poden trobar mostres de la poesia brossiana.

Les rutes WoW

Les rutes WoW (Walking on Words) són un passeig per Mallorca de la mà dels artistes que han escrit a l'illa i sobre l'illa. Les paraules de Jules Verne, Frédéric Chopin, Robert Graves, Julio Cortázar, Josep Pla, Llorenç Villalonga, Guillem d'Efak, Antònia Vicens, Blai Bonet i moltíssims autors més dibuixen camins nous en el paisatge i donen noves visions dels racons de Mallorca. Les rutes connecten història i present, arquitectura i paisatge, gastronomia i tradicions. Un seguit de videocreacions disponibles a través d'una aplicació mòbil basada en la tecnologia de la realitat augmentada i la geolocalització permeten descobrir l'illa com mai abans s'havia pogut fer.

UNITAT 5

Els racons de Mercè Rodoreda

Romanyà de la Selva va ser el poblet tranquil on va viure l'escriptora Mercè Rodoreda quan va tornar de l'exili a Catalunya, després de trenta anys a França i Suïssa. Va ser a Romanyà on Rodoreda va acabar la seva novel·la *Mirall trencat* i on va escriure els llibres *Quanta, quanta guerra…* i *Viatges i flors*. Des de l'any 2008, es poden recórrer els espais relacionats amb la vida de l'escriptora a la localitat, tot llegint fragments destacats de les seves obres més conegudes: es pot visitar el jardí de casa seva, els espessos boscos muntanyosos que envolten la població, el mirador de la Miranda o el petit cementiri.

Escoltant *Les veus del Pamano* i Maria Barbal

Els lectors de l'escriptor Jaume Cabré poden gaudir d'un itinerari de senderisme fàcil d'un parell d'hores per la vall d'Àssua (Pallars Sobirà). La ruta permet descobrir espais en els quals Cabré es va inspirar per crear la novel·la *Les veus del Pamano*. L'itinerari per la vall d'Àssua es pot completar, també, amb una caminada pel Pallars, pels llocs més significatius de la novel·la *Pedra de tartera*, escrita per Maria Barbal. Després de la caminada, els visitants poden anar a descansar a l'hotel, on trobaran traduccions a diferents llengües de les obres de la ruta i on podran degustar plats típics de la zona que apareixen, també, a les obres.

A. Llegeix el text introductori i assegura't d'entendre el concepte de rutes temàtiques. Amb un company, pregunteu-vos si n'heu fet mai cap.

Jo vaig fer una ruta dels llocs on es van filmar pel·lícules.

B. En grups de quatre, llegiu una de les rutes literàries i busqueu més informació, si és necessari, sobre l'autor i l'itinerari. Després, formeu grups nous amb una persona de cada grup anterior. Cada persona explica una ruta literària a la resta del grup. Quina us sembla més interessant?

 PISTA 32

C. Escolta els diàlegs i digues a quina ruta literària dels textos corresponen.

diàleg 1
diàleg 2
diàleg 3
diàleg 4

D. Existeix alguna ruta temàtica a la teva ciutat o en alguna ciutat que coneguis? Busca'n informació i presenta-la als companys.

GRAMÀTICA

Futur

Per expressar accions que passaran posteriorment al moment en què es parla o en què esdevé una acció podem utilitzar el futur.

El futur dels verbs regulars de totes les conjugacions es forma afegint les terminacions **-é**, **-às**, **-à**, **-em**, **-eu**, **-an** a l'última **-r** de l'infinitiu: *menjar – menjaré, veure – veuré, conèixer – coneixeré, sortir – sortiré…*

Formes irregulars

anar	fer	tenir	venir	poder	voler	haver
aniré	faré	tindré	vindré	podré	voldré	hauré
aniràs	faràs	tindràs	vindràs	podràs	voldràs	hauràs
anirà	farà	tindrà	vindrà	podrà	voldrà	haurà
anirem	farem	tindrem	vindrem	podrem	voldrem	haurem
anireu	fareu	tindreu	vindreu	podreu	voldreu	haureu
aniran	faran	tindran	vindran	podran	voldran	hauran

Pensar + infinitiu

L'estructura **pensar** + infinitiu serveix per expressar la voluntat de fer una cosa.

*Què **penses fer** el cap de setmana que ve?*
*Ahir **pensava anar** al cine, però no hi vaig anar.*

Connector si

Si pot introduir una condició de futur: **si** + present d'indicatiu, frase en present d'indicatiu / futur.

*Si plou, **ens quedem** / **ens quedarem** a casa.*

Quan usem el present que fa referència al futur, remarquem la certesa que allò que es diu a continuació es durà a terme.

Expressions temporals de futur

demà
demà passat
la setmana / dimarts… **que ve**
aquest dissabte / cap de setmana…

***Dissabte que ve** farem una ruta literària.*

Per expressar la meteorologia

Els verbs **ploure** i **nevar** i els verbs **fer** i **haver-hi**, seguits de noms de fenòmens meteorològics, es conjuguen en tercera persona del singular: **plou**, **neva**, **fa calor**, **hi ha boira**…

*Avui **plou** molt.*
***Ha nevat** tota la nit.*
***Farà** vent.*
***Hi haurà** núvols.*

UNITAT 5

LÈXIC

1. Completa els mapes conceptuals.

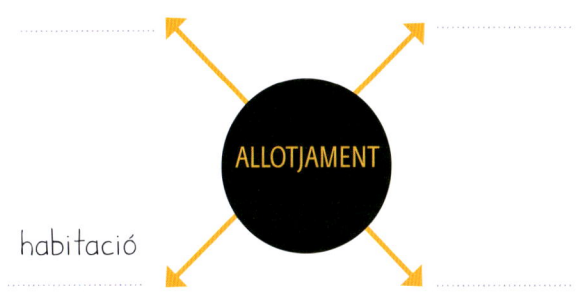

2. Completa els verbs amb noms de fenòmens meteorològics com a l'exemple.

FA — calor

HI HA —

CAUEN —

FONÈTICA I ORTOGRAFIA

 1. Escolta i repeteix les formes següents del futur. Marca'n la síl·laba tònica i fixa't en les formes que porten accent.

1. sortiran
2. veurem
3. acabareu
4. enviaràs
5. portarà
6. aguantaran
7. vindré
8. tindreu
9. faràs
10. dinarem
11. cantaré
12. podràs
13. durà
14. veureu
15. faran
16. acabaré

 2. Llegeix les formes següents del futur i accentua-les quan calgui. Després, escolta-les i repeteix-les.

1. tindre
2. veuras
3. portaran
4. farem
5. acabare
6. enviara
7. dinareu
8. faran
9. anire
10. agafaras

 3. Escolta i repeteix.

1. Quina calor que fa!
2. Quin fred!
3. Quina xafogor!
4. Com plou!

vuitanta-set [87]

PUNT D'ARRIBADA

TASQUES

TASCA COL·LECTIVA

A. En grups, trieu un lloc per anar de viatge amb tots els companys de classe.

B. Escriviu una proposta de viatge tenint en compte l'època de l'any, el nombre d'alumnes, la ubicació, etc. Recordeu-vos de planificar activitats diferents i d'organitzar l'allotjament i el transport.

C. Presenteu la vostra planificació davant dels companys i, entre tots, voteu la proposta que més us agrada.

Fem balanç

1. Ara sé…

Triar allotjament i transport a l'hora de viatjar.	♥	☺	☹
Parlar de plans de futur.	♥	☺	☹
Planificar un viatge tenint en compte el temps que farà.	♥	☺	☹
Expressar condicions.	♥	☺	☹

2. Comentaris sobre la tasca.

UNITAT 5

TASCA INDIVIDUAL

A. Pensa un lloc (barri, ciutat, poble, regió, etc.) que coneguis bé per ensenyar a una persona que et ve a visitar.

B. Dissenya una ruta d'un cap de setmana pel lloc que has triat. Marca els punts d'interès en un mapa i fes-ne una descripció breu. Explica què s'hi pot visitar i què s'hi pot fer.

C. Envia la ruta als teus companys per correu electrònic. Després llegeix les rutes dels teus companys, tria la que t'agradaria fer i demana'n més informació.

3. Avalua la tasca dels teus companys i comenta'ls la teva valoració.

La presentació és completa.	♥ ☺ ☹
Utilitza continguts de la unitat.	♥ ☺ ☹
El lèxic és adequat.	♥ ☺ ☹

6 Tenir cura de la salut

TASQUES INTERMÈDIES
- Donar consells a algú que té una addicció
- Escriure un tuit sobre un problema de salut
- Dibuixar una piràmide de les activitats físiques que fan els companys

PUNT DE PARTIDA

TASQUES FINALS
▶ Fer una presentació sobre una addicció o problema de salut
▶ Escriure un text sobre una activitat física per a la Viquipèdia

Primers auxilis

A. Llegeix les paraules següents i assegura't que n'entens el significat. Relaciona-les amb els objectes de la fotografia. Ajuda't del diccionari.

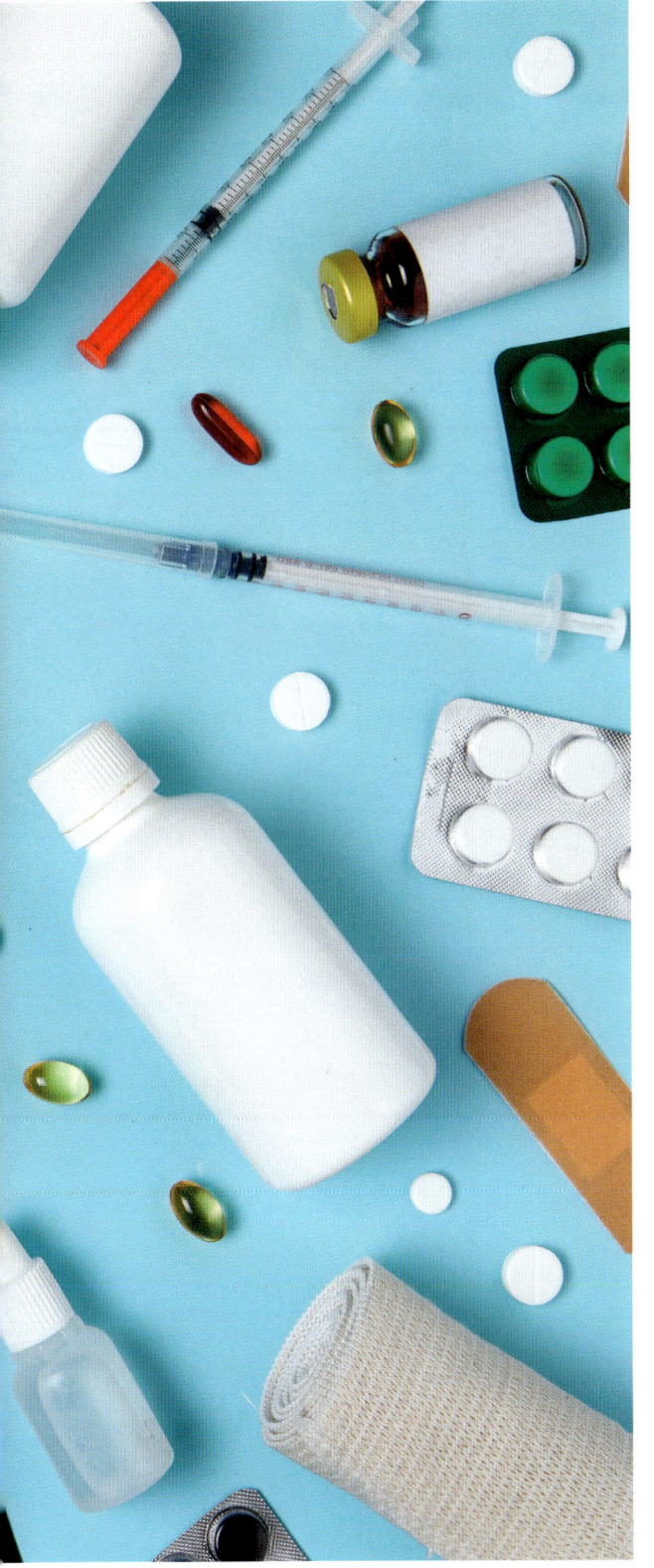

GOTES   PASTILLA   BENA

XAROP   TIRETA   ESPARADRAP

GASA   TERMÒMETRE   ALCOHOL

INJECCIÓ   AIGUA OXIGENADA

ANTIBIÒTIC   COTÓ FLUIX

SUPOSITORI   POMADA

B. Quins dels medicaments o estris de la llista anterior faries servir per a cada cas? Escriu-los i compara'ls amb els del teu company.

UN TALL	UNA GRIP

C. Quines altres coses hauríem de tenir a la farmaciola? Parla'n amb un company.

Hauríem de tenir uns guants.

PUNT 1

ENGANXATS!

A. Pensa en la relació que tens amb la teva feina o els teus estudis i indica quina de les frases següents et descriu millor. Ajuda't del diccionari, si ho necessites.

- [ ] Estic estressat perquè tinc moltes coses a fer i no aconsegueixo acabar-les.
- [ ] M'encanta la meva feina, per a mi és com una afició. Quan treballo soc feliç!
- [ ] No puc anar a dormir si no he acabat totes les tasques que tinc pendents, estic obsessionat.
- [ ] Sincerament, penso que demà serà un altre dia, no m'atabalo si tinc feina pendent.
- [ ] Cada dia quan em llevo estic angoixada perquè no suporto la meva cap.
- [ ] El diumenge a la nit sempre estic trist perquè el dilluns haig d'anar a l'oficina.

B. Saps què és un *workaholic*? Amb el teu company escriviu-ne una definició. Després, llegiu el text i verifiqueu si la vostra definició s'ajusta a la de l'article.

Saps si ets un *workaholic*?

Coses que fem · 26 de març

Què vol dir ser un *workaholic*? Es tracta de l'addicció incontrolable a la feina sense descans. Et fa pensar en algú? Cal saber diferenciar, però, les persones que són addictes a la feina de les que simplement els agrada la seva vida laboral o són altament responsables.

Com identificar persones addictes a la feina?
Les persones que són addictes a la feina no gaudeixen mai del temps lliure que tenen, no es permeten ni tan sols de tenir-ne. Sempre estan estressades, ansioses, angoixades o atabalades pel fet de pensar que no estan treballant. Només estan contentes i animades si treballen els set dies de la setmana i el màxim d'hores possibles.

Aquesta actitud els porta a dedicar poc temps a la parella, a la família i als amics. No els interessa tenir vida social, ja que prefereixen invertir el temps a treballar. Si no treballen, estan tristes o desanimades. Delegar tasques els és pràcticament impossible, ja que pensen que ningú no pot fer-les millor que elles mateixes. Tenen un afany de control molt alt i són incapaces de deixar una feina sense acabar perquè se senten culpables.

Com solucionar aquesta addicció?
Els individus que pateixen aquesta addicció han d'entendre, en primer lloc, que hi ha temps per treballar i temps per gaudir, per relaxar-se. No treballar no significa ser un gandul ni un irresponsable. A partir d'aquí, cal esbrinar quin problema s'amaga darrere d'aquesta addicció. Les causes més freqüents de l'addicció a la feina són: una autoestima molt baixa, problemes familiars, falta d'organització o problemes econòmics.

C. Fixa't en les paraules destacades en els textos de les activitats **A** i **B**, i assegura't d'entendre'n el significat. Classifica-les segons si expressen un sentiment positiu o negatiu. Busca'n una d'equivalent en la teva llengua.

D. Fixa't si el verb que acompanya els adjectius destacats és **ser** o **estar**. En quin cas s'utilitzen?

- qualitats permanents: ....
- qualitats transitòries: ....

> Jo soc molt responsable i no m'agrada deixar la feina sense acabar.

E. En quines característiques de les descrites en l'article et reconeixes i en quines no? Coneixes algú que sigui addicte a la feina? Parla'n amb un company.

UNITAT 6

F. Llegeix els comentaris i digues de quina addicció parlen. Fes-ho amb un company.

Paula - 21 d'agost

Estic molt preocupada perquè el meu fill de setze anys es passa tot el dia enganxat al mòbil. Normalment és un jove alegre i dinàmic, però fa una temporada que està despistat i distret. Si no té el telèfon a prop, es posa nerviós i està de mal humor. Estic realment amoïnada. Què puc fer per ajudar-lo? **Parlaríeu** amb ell?

Montserrat - 2 de setembre

El fet d'anar a comprar em genera una satisfacció immediata quan estic deprimida o amoïnada. Passo d'estar nerviosa, ansiosa o desesperada abans de comprar a estar més animada i calmada quan compro. Però també estic avergonyida i, fins i tot, enfadada amb mi mateixa per haver comprat sense una necessitat real. Tu què **faries**? **Aniries** al psicòleg?

Joel - 22 de març

Al principi, quan jugava em distreia, em relaxava i, a vegades fins i tot, guanyava. Però a poc a poc em passava hores i més hores jugant i, sobretot, perdent diners. Ara estic molt angoixat i histèric si no jugo, però tampoc em tranquil·litzo quan jugo, sinó que estic ansiós. Què **podria** fer per superar aquesta addicció? **Demanaríeu** ajuda a un especialista?

G. Com estan les persones que tenen l'addicció dels textos anteriors? Encercla els adjectius que descriuen el seu estat. Ajuda't del diccionari, si ho necessites. Fes-ho amb un company.

H. Llegeix els comentaris que fan diverses persones i relaciona'ls amb un dels textos de l'activitat **F**. Fes-ho amb un company.

- Jo, d'ell, **aniria** a un especialista.
- Tu **explicaries** el problema als amics?
- Vosaltres no **agafaríeu** uns dies de vacances?
- Jo, de tu, **anul·laria** les targetes de crèdit.
- En lloc d'anar a comprar, **correria** mitja hora cada dia.
- Segur que els meus pares **llegirien** algun llibre d'autoajuda.
- Nosaltres, al seu lloc, **ocuparíem** el temps lliure.

I. Fixa't en les formes destacades del condicional dels textos de les activitats **F** i **H** i escriu-ne les terminacions de les formes regulars. Fixa't també en els canvis que es produeixen en els verbs **anar**, **poder** i **fer**. Quines similituds tenen amb les formes del futur?

infinitiu	condicional	
parlar córrer llegir	jo: tu: ell, ella, vostè: nosaltres: vosaltres: ells, elles, vostès:	-ia

J. Escolta els consells que es donen per a les addiccions de l'activitat **F** i escriu-los. Amb el teu company, completeu la llista amb altres consells. Contrasteu la llista amb la d'una altra parella.

1. addicció al telèfon

2. addicció a les compres

3. addicció al joc

TASCA INTERMÈDIA Per parelles, penseu en una addicció i escriviu un text en què expliqueu quins problemes teniu. Doneu el text a una altra parella. Llegiu el text i aconselleu-los.

PUNT 2

Estic millor

A. Llegeix les parts del cos del núvol i assegura't que n'entens el significat. Ajuda't del diccionari, si ho necessites. Quin és el teu punt dèbil? Parla'n amb un company.

> El meu punt dèbil és l'estómac.

EL CANELL · L'ESPATLLA · EL TURMELL · L'ESTÓMAC · EL COLL · EL COR · EL COLZE · LA PANXA · ELS RONYONS · LES DENTS · EL GENOLL · ELS OSSOS · L'ESQUENA · EL FETGE · ELS PULMONS

B. Llegeix els testimonis de quatre persones que expliquen què els ha passat i relaciona'ls amb un dels problemes de salut. Parla'n amb un company.

INTOXICACIÓ **CONTRACTURA** **ESQUINÇ** **AL·LÈRGIA**

Júlia - 21 de gener

Abans d'entrar a l'aeroport em vaig comprar un entrepà en una parada que hi havia al carrer. Al cap d'una estona, em vaig començar a trobar malament i vaig vomitar durant tot el viatge. Quan vaig arribar a casa, vaig anar directament al llit. Avui tinc mal de cap, em fa mal la panxa, encara tinc ganes de vomitar i tinc diarrea. I també tinc una mica de febre.

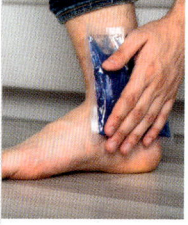

Joan - 2 d'abril

Ahir vaig anar d'excursió al Montseny. No sé què em va passar, però vaig caure, em vaig donar un cop al genoll i em vaig fer mal al peu. Ara no sé si m'he torçat el turmell, però el tinc inflat i no puc caminar. Segur que no està trencat, però em fa molt mal! Fa una estona he volgut caminar i m'ha fallat el peu i m'he fet mal al canell. Soc un desastre!

Oriol - 15 de març

Treballo en una empresa de mudances i ahir a la feina vaig aixecar una caixa que pesava molt. Vaig notar de seguida un dolor molt fort a l'esquena. Ara no em puc moure, em fa molt mal l'esquena, també l'espatlla dreta, no puc girar el coll i em costa respirar. Estic ben fotut!

Marina - 11 de maig

No sé si ha estat el canvi de temperatura, però m'he posat malalta. Crec que estic refredada, perquè tinc tos, mocs i no paro d'esternudar. No tinc la grip, perquè no tinc mal d'ossos, no tinc febre i tampoc tinc fred. La meva mare diu que potser és l'inici de la primavera, perquè em piquen els ulls. I que això rai! No ho sé, però estic feta una coca.

C. Fixa't en com s'expliquen els problemes en els textos anteriors i subratlla-hi els verbs i les estructures que es fan servir. Després, completa el quadre. Fes-ho amb el teu company.

Tenir:	mal de cap
Fer mal:	
Fer-se mal a:	
Estar:	

> Jo un cop també em vaig intoxicar. Tenia mal de panxa...

D. Has tingut algun problema de salut semblant als dels textos de l'activitat **B**? Quins símptomes vas tenir?

UNITAT 6

E. Llegeix els tuits i subratlla-hi els problemes de salut dels quals es parla. Saps com es diuen en la teva llengua? Parla'n amb un company.

Dr. Dou @Dr.Dou10

Quatre consells per al constipat i mal de coll: beu aigua amb una mica de sal, fes gàrgares amb farigola i aigua, pren una infusió de gingebre, no surtis de casa. Si tens febre, ves al metge.

💬 **1** retuits   🔁 **22** m'agrada   ♡   ✉

Dr. Dou @Dr.Dou10
Vacuna't contra la grip #prevenció

Dr. Dou @Dr.Dou10
Té mal de queixal? És millor la #prevenció, vagi al #dentista

🔁 Dr.Dou10 ha retuitat

> **Maria Puig** @MariaP
> L'altre dia em vaig cremar mentre cuinava. #cremades
> En resposta a @MariaP
> **Dr. Dou** @Dr.Dou10
> En cas de cremades: posa't una mica de mel o àloe per damunt de la cremada. No et tapis la ferida. #cremades

Dr. Dou @Dr.Dou10
Onada de #calor, què fer? Begui molta aigua, mengi fruita, posi's roba lleugera, no faci esforços i no prengui alcohol.

Dr. Dou @Dr.Dou10
#talls i #ferides: renti's les mans amb aigua i sabó, i després netegi el tall o la ferida amb aigua.

F. Fixa't en les formes de l'imperatiu destacades en els tuits per donar instruccions i per aconsellar, i completa el quadre següent. Pots deduir la formació de l'imperatiu? Fes-ho amb un company.

Imperatiu: tu

		beguis
		facis
		prenguis
surt	no	
		vagis
		et vacunis
		et posis
tapa't		

Imperatiu: vostè

		vagi
		begui
		mengi
		es posi
faci	no	
prengui		
		es renti
		netegi

🎧 PISTA 37 **G.** Llegeix els problemes següents i relaciona'ls amb els símptomes i els consells. Fes-ho amb un company. Després, escolteu els diàlegs i verifiqueu si ho heu fet bé.

PROBLEMA   ❶ Tall al dit   ❷ Virus de panxa   ❸ Un cop al braç i al colze   ❹ Cansament

SÍMPTOMA

☐ Li fa mal tot el cos.
☐ Està cansada, però no pot dormir.
☐ Li surt sang.
☐ Li fa mal la panxa.
☐ Té son.
☐ Se li va inflar el colze i no pot moure el braç.
☐ Té un blau.
☐ Té diarrea.
☐ Té mal de cap.

CONSELL

☐ Fes bondat.
☐ Renti la ferida amb aigua i pressioni el tall amb una gasa estèril.
☐ Prengui una til·la abans d'anar a dormir.
☐ Posi una bena neta damunt del tall.
☐ Descansi i no fumi.
☐ Faci tots els àpats, però a la nit no mengi gaire.
☐ Faci una dieta baixa en greixos i no mengi coses pesades.
☐ Begui molta aigua.
☐ No moguis el braç.

TASCA INTERMÈDIA Per parelles, escolliu un dels problemes de salut que hagi aparegut fins ara i escriviu un tuit de resposta amb tres consells. Llegiu els tuits dels vostres companys i afegiu-hi altres consells.

noranta-cinc [95]

PUNT 3

L'activitat física, UN HÀBIT!

A. Llegeix les activitats següents i assegura't d'entendre'n el significat. Després, escriu cada activitat en la columna adequada del quadre. Pots completar el quadre amb altres activitats. Fes-ho amb un company.

TIPUS D'ACTIVITAT FÍSICA			
DOMÈSTICA	ESPORT	EXERCICI	LLEURE

FER IOGA   NEDAR   ANAR AMB BICICLETA
FER ESTIRAMENTS   CAMINAR
AIXECAR PESOS   JUGAR A FUTBOL
REGAR LES PLANTES   JUGAR A TENNIS
MIRAR LA TELE   PUJAR ESCALES
PASSEJAR EL GOS   FER ABDOMINALS
TREBALLAR DAVANT DE L'ORDINADOR   FER TAITXÍ
CÓRRER   ESCOMBRAR

PIRÀMIDE DE L'ACTIVITAT FÍSICA

B. Quines de les activitats de la piràmide acostumes a fer normalment? Marca-les i contrasta-les amb les d'un company. Fas altres activitats físiques? Escriu-les.

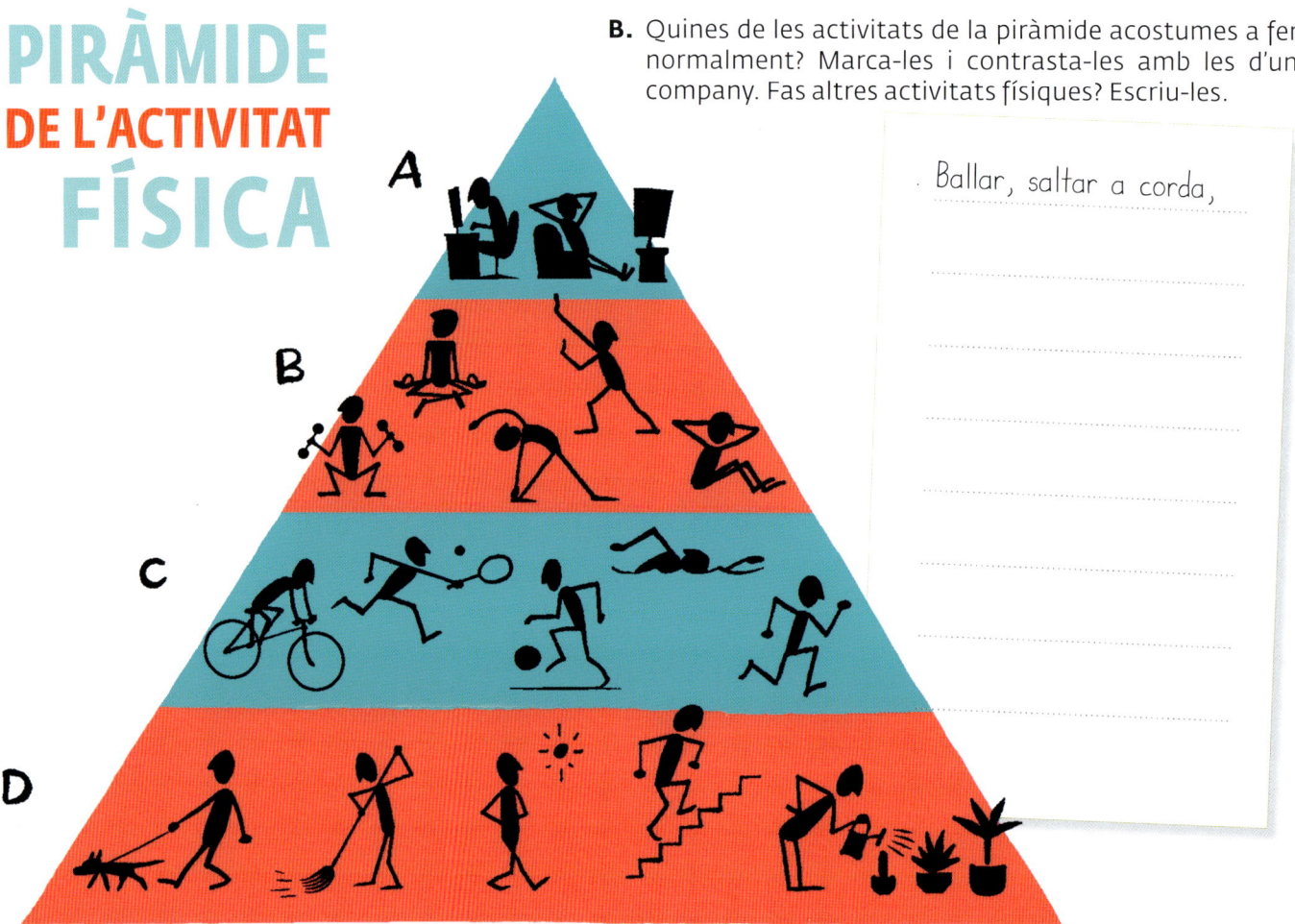

Ballar, saltar a corda,

UNITAT 6

C. Llegeix el text del blog i relaciona cada paràgraf amb la franja de la piràmide de l'activitat física corresponent. Contrasta el resultat amb el d'un company.

EN FORMA LLEGEIX PENSA OPINA

Mou-te

Si no practiques cap activitat física de manera regular, **et convindria fer-ho**, perquè el teu cos t'ho agrairà. La piràmide de l'activitat física que et presentem és una eina pedagògica que serveix per explicar d'una manera fàcil i entenedora les activitats que **ens convé fer** i amb quina freqüència. La finalitat és dur un estil de vida més actiu i saludable, i que tothom incorpori l'activitat física a la vida quotidiana.

○ Si vols tenir una vida activa **t'aniria bé fer** trenta minuts d'activitat física cada dia. No estem parlant d'activitats que es poden fer al gimnàs o en centres esportius, sinó que pots aprofitar moltes de les activitats quotidianes que fas cada dia per millorar el teu estat físic: puja les escales a peu, camina per anar als llocs o ves a passejar, per exemple.

○ Per millorar la flexibilitat i l'equilibri, aconsellem fer ioga, taitxí o estiraments, de tres a set dies per setmana. I si vols treballar la força i la musculatura, fes pesos o abdominals, dos o tres dies per setmana.

○ L'objectiu és perdre l'hàbit de seure massa estona davant de la televisió o passar hores davant de l'ordinador. Ens hauríem d'allunyar de dur una vida sedentària perquè la inactivitat no és saludable. Aconsellem dedicar només dues hores a accions que representin inactivitat.

○ Has de buscar un moment del dia per dedicar-lo a l'esport o aprofitar els caps de setmana per dedicar-los a fer activitats de lleure que impliquin activitats físiques. Hauries d'agafar una rutina de trenta minuts gairebé cada dia: anar amb bicicleta, anar a córrer, nedar, jugar a futbol, caminar per la muntanya, etc.

Això sí, has de fer l'activitat física que més t'agradi i que s'adapti a les teves condicions.

D. Llegeix els comentaris dels lectors del blog i relaciona'ls amb les respostes. Des del teu punt de vista, els lectors que escriuen tenen un tipus de vida sedentària o saludable?

1 Em sembla molt bé la proposta. Però no tinc temps per fer trenta minuts d'exercici físic cada dia. M'estic a l'oficina gairebé tot el dia i sé que **em convindria fer** esport perquè em fa mal l'esquena.

2 El meu marit i jo tenim 84 anys. Ens hem fet unes anàlisis i els resultats són molt bons. Ara toca cuidar el físic. **Ens aniria bé fer** ioga i estiraments?

3 Tinc dinou anys i faig molt esport. Ahir em vaig donar un cop al genoll i em fa mal. **M'aniria bé fer** musculació per reforçar els músculs?

○ **Et convindria anar** al metge per estar segur que no és una cosa greu. De moment, **t'aniria bé posar-te** gel al genoll. Però ves al metge. Segur que et faran una radiografia.

○ Si no té temps, aprofiti qualsevol activitat diària per fer exercici. **Li convindria pujar i baixar** les escales a peu. I si treballa assegut, **li aniria bé aixecar-se** cada mitja hora i fer estiraments.

○ **Els aniria molt bé.** Però haurien de fer els exercicis de manera molt suau, sense forçar el cos, perquè es poden fer mal.

E. Fixa't en les formes destacades per donar consells de les activitats **C** i **D** i completa el quadre. Existeix una estructura similar en la teva llengua? Parla'n amb un company.

.... / .... / .... / .... / .... / us / els	.... / convé	+infinitiu
.... / .... / .... / .... / us /	aniria bé	

TASCA INTERMÈDIA Dibuixa la teva piràmide de l'activitat física. Escriu-hi les activitats que fas i la freqüència amb què les fas. Per parelles, intercanvieu-vos la piràmide i escriviu què li convindria fer o li aniria bé fer al teu company per millorar els seus hàbits.

PUNT SOCIOCULTURAL

EL METGE DE CAPÇALERA

Inici | El CatSalut | Serveis sanitaris

061 Catsalut respon

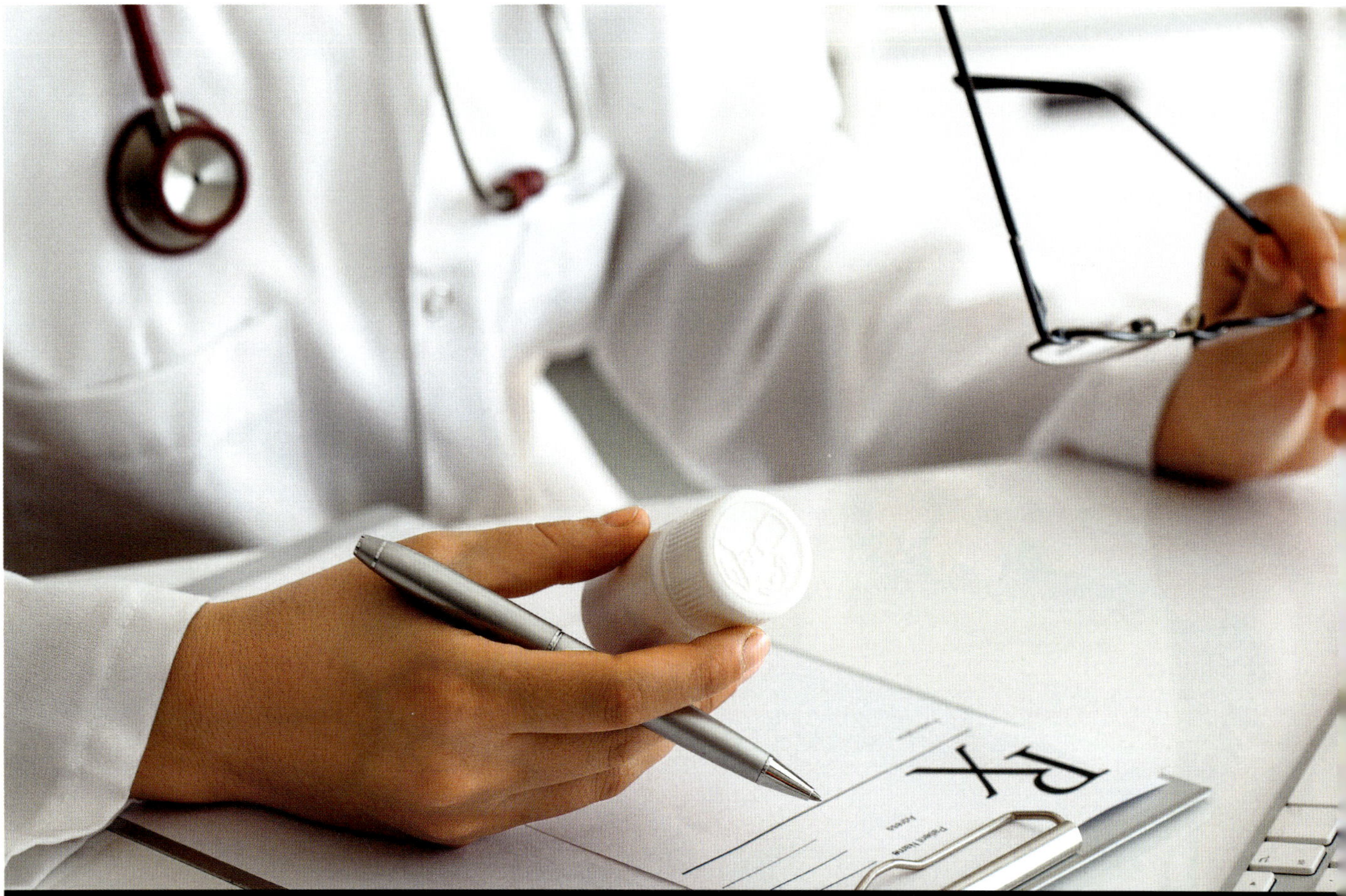

Preguntes més freqüents

** Què és el CAP?**
El centre d'atenció primària (CAP) és el lloc d'atenció presencial on heu d'anar quan teniu un problema de salut o quan voleu prevenir alguna malaltia.

** Com puc programar una visita?**
Podeu programar una visita anant directament al CAP, per telèfon, per internet o a través de l'accés *La meva salut*.

** Com puc saber quin és el meu CAP?**
A totes les persones usuàries dels serveis sanitaris públics us correspon un CAP, que es determina a partir del vostre domicili.

El metge de capçalera és de lliure elecció?
Sí, si el metge que voleu pot assumir l'atenció de noves persones.

UNITAT 6

| cal fer si... | Professionals | Actualitat | Contacte |

▽ Quins serveis ofereix l'equip d'atenció primària (EAP)?

Els EAP estan formats per professionals de medicina de família, pediatria, infermeria, odontologia i treball social sanitari.

▽ Qui és el metge de família o de capçalera?

És el professional que atén els ciutadans de quinze anys o més. Ofereix els serveis de prevenció, diagnòstic, tractament i seguiment de les malalties, promoció d'hàbits saludables i consells sanitaris.

▽ Si estic malalt i no em puc moure de casa, puc trucar al metge de capçalera?

Sí. Si no us podeu desplaçar al CAP, podeu demanar el servei d'atenció a domicili i el vostre metge de família vindrà.

▽ Tinc una urgència, on m'adreço?

El Departament de Salut us recomana que truqueu primer al 061 CatSalut Respon, on metges i infermers us assessoraran sobre què heu de fer en cada situació i us oferiran consells de salut. També us informaran del centre on podeu anar i, si cal, us enviaran un professional sanitari a domicili o una ambulància.

▽ Què haig de fer per demanar la targeta sanitària?

Heu de presentar una sol·licitud i heu d'adjuntar un document identificador (DNI, NIE o passaport), el certificat d'empadronament, amb la data d'emissió inferior a tres mesos, i una fotocòpia del document d'afiliació a la Seguretat Social.

A. Llegeix els textos i subratlla-hi les paraules que no coneixes. Compara-les amb les d'un company i busqueu-ne el significat.

B. Llegeix els textos i digues si hi ha similituds amb el sistema sanitari del teu país o d'algun altre lloc que coneguis. Parla'n amb un company.

Al meu país també fem servir una targeta sanitària.

 PISTA 38

C. Llegeix la informació sobre els telèfons 061 (CatSalut Respon) i 112 (Centre d'Atenció i Gestió de Trucades d'Urgència). Després, escolta l'àudio i marca les informacions que hi apareixen.

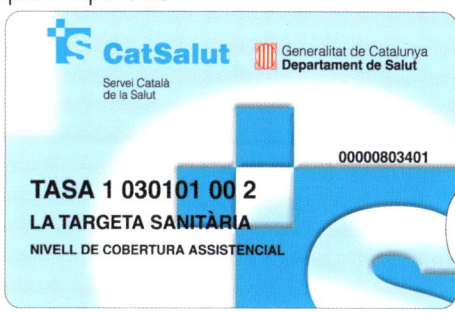

- [✓] 1. El 061 fa atenció sanitària no presencial i ofereix consell i informació de salut.
- [ ] 2. Al 061 hi pots realitzar tràmits administratius.
- [ ] 3. En cas d'emergència, el 061 pot enviar un metge o una ambulància al domicili.
- [ ] 4. Al 061 responen les teves consultes de salut les 24 hores.
- [ ] 5. Pots trucar al 112 si tens un accident, t'han robat o tens una emergència mèdica.
- [ ] 6. Les trucades al 112 són gratuïtes.
- [ ] 7. El 112 funciona tant des del telèfon fix com des del mòbil.
- [ ] 8. Si truques al 112, et poden atendre en moltes llengües.
- [ ] 9. El 112 és el número d'emergència de tot Europa.
- [ ] 10. No has de trucar al 112 per a informació general (trànsit, previsió meteorològica, etc.).

D. Al teu país hi ha un número on es pot trucar en cas d'emergència? Quin és i com funciona? Parla'n amb el teu company.

PUNT DE SUPORT

GRAMÀTICA

Ser / estar

Per dir les qualitats permanents o definitòries d'una persona utilitzem el verb **ser** + adjectiu o participi.

*Aquesta setmana la Júlia **està estressada** i **atabalada** perquè té molta feina, però normalment és una persona **tranquil·la**.*

Per dir les qualitats o estats transitoris referents a l'estat anímic o físic en què es troba algú en un determinat moment utilitzem el verb **estar** + adjectiu o participi.

Condicional

Utilitzem el condicional per demanar i donar consells. El condicional dels verbs regulars es forma afegint les terminacions: **-ia**, **-ies**, **-ia**, **-íem**, **-íeu**, **-ien** a l'última **-r** de l'infinitiu: *menjar - menjaria, beure - beuria, conèixer - coneixeria, sortir - sortiria…*

*No sé què fer. Tu què **faries**?*
*Jo, de tu, **aniria** al metge.*

Formes irregulars

anar	fer	venir	poder
aniria	faria	vindria	podria
aniries	faries	vindries	podries
aniria	faria	vindria	podria
aniríem	faríem	vindríem	podríem
aniríeu	faríeu	vindríeu	podríeu
anirien	farien	vindrien	podrien

Convenir + infinitiu / anar bé + infinitiu

Per donar consells, podem utilitzar les estructures **convenir** + infinitiu, en condicional i en present d'indicatiu, i **anar bé** + infinitiu, en condicional. Els verbs **convenir** i **anar** van sempre en tercera persona del singular perquè el subjecte és l'infinitiu.

em /m'		
et / t'	convindria / convé	
li		+ infinitiu
ens	aniria bé	
us		
els		

Em passo vuit hores davant de l'ordinador!
*Doncs **et convindria** fer exercici físic.*

Avui, he treballat tota la nit.
*Doncs, al llit, que **et convé** dormir.*

Hem caminat tres hores!
***Us aniria bé** descansar una mica.*

*Si tens mal de cap, **t'aniria bé** dormir una estona.*

Fer mal / tenir mal de / fer-se mal a

Per explicar que sentim dolor podem fer servir les estructures: **fer mal** + part del cos i **tenir mal de** + part del cos.

Per explicar el mal que hem rebut podem utilitzar l'estructura: **fer-se mal a** + part del cos.

Què et fa mal? **Em fa mal** *la panxa.*
Què li passa a en Carles? **Li fan mal** *les cames.*
Què us passa? *Jo **tinc mal de** queixal i la Maria **té mal de** cap.*

*Ahir vaig caure i **em vaig fer mal al** turmell.*
*En Joan **s'ha fet mal a l'**esquena quan ha agafat la caixa.*

Imperatiu

	menjar	beure	sortir
tu	menja	beu	surt
vostè	mengi	begui	surti

Fem servir l'imperatiu per donar ordres i instruccions, per aconsellar, etc.

Utilitzem les formes del present de subjuntiu per negar la forma de l'imperatiu:
no mengis, no mengi, no prenguis, no prengui, no facis, no faci…
Si l'imperatiu va amb pronom, el pronom es posa al darrere del verb:
*vacuni**'s**, posa**'t**, renti**'s**…*
Si la forma és negativa, el pronom va davant del verb:
*no **es** vacuni, no **et** posis, no **es** renti…*

Formes irregulars

	anar	fer
tu	ves	fes
vostè	vagi	faci

UNITAT 6

LÈXIC

1. Completa els mapes conceptuals.

PARTS DEL COS — cama

FARMACIOLA — tiretes

2. Completa els verbs amb paraules relacionades amb les malalties i l'estat d'ànim, com a l'exemple.

TENIR GANES — de vomitar

FER MAL

ESTAR

FONÈTICA I ORTOGRAFIA

 PISTA 39

1. Llegeix en veu alta les formes del condicional del quadre i fixa't en la síl·laba tònica. Quines persones porten accent? Després, escolta l'àudio i encercla la forma verbal que diuen.

	jo, ell, ella, vostè	tu	nosaltres	vosaltres	ells, elles, vostès
1	agafaria	agafaries	agafaríem	agafaríeu	agafarien
2	llegiria	llegiries	llegiríem	llegiríeu	llegirien
3	faria	faries	faríem	faríeu	farien
4	ocuparia	ocuparies	ocuparíem	ocuparíeu	ocuparien
5	explicaria	explicaries	explicaríem	explicaríeu	explicarien
6	donaria	donaries	donaríem	donaríeu	donarien
7	aniria	aniries	aniríem	aniríeu	anirien
8	parlaria	parlaries	parlaríem	parlaríeu	parlarien

 PISTA 40

2. Escolta els consells següents i repeteix-los.

1. Ves al metge i fes bondat.
2. No beguis alcohol i no fumis.
3. Posi's roba lleugera i begui aigua.
4. No faci esforços i mengi fruita.
5. Posa't una mica d'aigua i no et tapis la ferida.

 PISTA 41

3. Escolta les frases següents i completa-les. Torna-les a escoltar i fixa't quan s'apostrofa el pronom i quan no s'apostrofa.

1. .... convindria fer exercici.
2. .... aniria bé pujar les escales a peu.
3. .... convé fer estiraments.
4. .... aniria bé anar al gimnàs.
5. .... aniria bé sortir a passejar.

cent u [101]

PUNT D'ARRIBADA

TASQUES

TASCA COL·LECTIVA

A. En grups, escolliu una addicció o un problema de salut i feu una petita recerca: símptomes, causes, cures i remeis, consells i suggeriments que es poden donar.

B. Elaboreu un guió amb les informacions que heu recollit, que us serveixi per fer una presentació als companys dels altres grups.

C. Formeu grups d'experts en els quals hi ha d'haver un expert de cada grup. Cada expert ha de presentar l'addicció o el problema de salut, en cinc minuts.

D. Quan tots els experts hagin fet les presentacions, feu-los preguntes per aclarir dubtes o per ampliar la informació. Decidiu qui és l'expert més preparat.

Fem balanç

1. Ara sé…

	♥	☺	☹
Expressar un estat d'ànim o un estat físic.			
Descriure un mal i una malaltia.			
Donar consells.			
Parlar de les activitats físiques per sentir-se bé.			

2. Comentaris sobre la tasca.

UNITAT 6

TASCA INDIVIDUAL

A. Escull un tipus d'activitat física pensant en un col·lectiu determinat i fes una petita recerca a internet.

B. Pren apunts de les característiques, dels beneficis que se'n poden obtenir, de com i quan s'ha de practicar, etc.

C. Escriu una entrada de l'activitat física per a la Viquipèdia. Pots acompanyar el text amb imatges.

3. Avalua la tasca dels teus companys i comenta'ls la teva valoració.

La presentació és completa.	♥	☺	☹
Utilitza continguts de la unitat.	♥	☺	☹
El lèxic és adequat.	♥	☺	☹

7 Feines de tota mena

TASQUES INTERMÈDIES

▶ Presentar una feina innovadora
▶ Decidir els requisits per fer una feina
▶ Entrevistar un company per saber els estudis i la feina que ha fet

TASQUES FINALS
▶ Escollir el millor candidat per a una feina
▶ Entrevistar una persona que ha canviat de feina

PUNT DE PARTIDA

A què et dediques?

A. Llegeix la llista de professions. Saps què volen dir? Encercla les professions de les persones de la fotografia.

DEPENDENT - DEPENDENTA
INFERMER - INFERMERA
ENGINYER - ENGINYERA MONITOR - MONITORA MESTRE - MESTRA
ARQUITECTE - ARQUITECTA
FUSTER - FUSTERA BOMBER - BOMBERA CAMBRER - CAMBRERA
METGE - METGESSA ADVOCAT - ADVOCADA ACTOR - ACTRIU
ESPORTISTA LAMPISTA PERIODISTA
TAXISTA ECONOMISTA COMERCIAL
ESCOMBRIAIRE POLICIA XEF
CANTANT

> Els metges treballen en un hospital.

B. Digues on treballen les persones de les fotografies. Coincideixes amb el teu company?

 PISTA 42
C. Escolta tres persones que parlen de la seva feina. Saps de què treballen?

1	
2	
3	

D. Pensa en el millor i el pitjor d'una feina i comenta-ho als teus companys. Ells han d'endevinar de quina professió es tracta.

PUNT 1

La feina en clau de FUTUR

A. Quines creus que són les feines del futur? I quines creus que desapareixeran? Parla'n amb el teu company.

> Jo crec que els transportistes desapareixeran.

> Doncs jo penso que la gent necessitarà més psicòlegs.

B. Llegeix l'article en què es parla d'algunes feines del futur. Relaciona les professions del futur amb les funcions que comporten.

El mercat laboral del demà

Es diu que a la segona meitat del segle XXI una gran part de la població tindrà professions que encara no existeixen. Vegem algunes de les feines del futur:

1. ENGINYERS D'AUTOMÒBILS ELÈCTRICS
2. TÈCNICS EN SALUT DIGITAL
3. URBANISTES
4. MESTRES EXPERTS EN EL CERVELL HUMÀ
5. VIGILANTS EN LÍNIA

"De què treballa?" Aquesta pregunta sempre es fa als participants a un concurs de la tele quan se'ls va presentant. Però aviat deixarà de tenir sentit. Actualment, la majoria de concursants responen que estan a l'atur i alguns diuen que estan estudiant per trobar feina. O que tenen una professió, per exemple, biòleg, però que treballen de missatger o que fan de caixer en un supermercat per guanyar-se la vida.
A més, molts llocs de treball canviaran o es perdran per la introducció de la tecnologia, i especialment els robots, al món laboral.

☐ Evitaran robatoris d'informació i segrestos de les dades empresarials.

☐ Dissenyaran les grans ciutats del segle XXI. Estudiaran les amenaces de la ciutat, com el turisme massiu o el canvi climàtic.

☐ Hauran de perfeccionar la tècnica perquè els cotxes intel·ligents i elèctrics substitueixin els automòbils contaminants.

☐ Adaptaran a cada nen el model d'aprenentatge que sigui més adequat a les seves característiques i la seva situació.

☐ Crearan aplicacions que permetran atendre els pacients a distància i oferir-los tractament per a les seves malalties de manera immediata.

C. Completa el quadre següent amb una o dues frases. Si no les recordes, busca-les al text. Contrasta-les amb les del teu company.

Per demanar l'activitat laboral:
De què treballa?

Per dir l'activitat laboral:

Per dir la professió:

Per dir que no es treballa:

D. Fes una llista de les tasques que fas a la feina. Si no treballes, pensa en una professió. En grups de tres, expliqueu-vos-les. Tracteu d'endevinar a què es dediquen els vostres companys.

> Ajudo el metge.
> Poso injeccions.
> Miro si els pacients tenen febre.

Una bona feina

A. Què valores d'una feina? Fixa't en la classificació dels aspectes més valorats per ordre d'importància. Hi estàs d'acord? Parla'n amb el teu company.

> Per mi, tenir un bon horari per passar temps amb els fills és més important que tenir bons ingressos.

1. BON SOU
2. COMPATIBILITAT AMB LA VIDA FAMILIAR
3. BON AMBIENT ENTRE ELS TREBALLADORS
4. GARANTIES D'ESTABILITAT LABORAL
5. OPORTUNITATS D'ASCENS I DE MILLORA DE SOU
6. MOLTES VACANCES
7. BONA JORNADA LABORAL
8. UNA FEINA ÚTIL PER A LA SOCIETAT

B. Llegeix el text i subratlla-hi quin tipus de feina fan els *influencers* i quines són les seves condicions laborals. Quins poden ser els aspectes positius d'aquesta feina? Pots ajudar-te del rànquing de l'activitat **A**. Parla'n amb el teu company.

Fer-se *selfies*, vestir a la moda, ensenyar un nou pentinat o la millor manera de maquillar-se... qui havia de dir que això es convertiria en un ofici! Són els *influencers* i l'únic requisit per fer aquesta feina és tenir milers o fins i tot milions de seguidors a Instagram o a YouTube. És un ofici nascut amb la revolució de les xarxes socials i la feina és bona: els *influencers* o generadors de tendències guanyen desenes de milers d'euros al mes. Com? A canvi de posar-se la roba de les grans marques de moda, passar les nits en hotels que volen fer publicitat o menjar en bons restaurants. Fins i tot hi ha professionals com ara músics, actors o periodistes que fan servir el seu perfil d'altaveu digital.

Els *influencers* són persones anònimes que es fan populars a través de les xarxes socials. Tenen bona premsa i, a més, els paguen per mostrar a tothom com són, què fan i on van.

La seva vida no està malament, però té els mateixos riscos que la de qualsevol autònom del món de la comunicació: una competència ferotge i cap garantia de futur: "Si ets un mal professional, tens els dies comptats". Alguns *influencers* viuen bé i estan molt ben pagats, però saben que aquesta bona vida no durarà gaire temps. D'altres combinen la vida d'*influencer* amb un contracte temporal en una agència de publicitat, per exemple. Afirmen que els horaris són dolents perquè són imprevisibles i que mai fan vacances, però si pensen a treballar en una oficina, s'ofegarien.

C. Llegeix les frases següents i busca en el text anterior les frases que signifiquin el contrari. Després, escriu-les al quadre. Fixa't en els elements destacats. Saps deduir com funcionen?

D. Estàs content amb la feina que fas? Quines condicions tens a la feina? Si no treballes, pensa en una persona que coneguis que treballi. Parla'n amb el teu company.

> Jo estic content, perquè estic ben pagat.

> Doncs el meu pare no està content. Els seus horaris són molt dolents.

La feina és **dolenta**. ≠ ....
Tenen **mala** premsa. ≠ ....
Ets un **bon** professional. ≠ ....
Alguns *influencers* viuen **malament**. ≠ ....
Alguns *influencers* estan molt **mal** pagats. ≠ ....
Aquesta **mala** vida no durarà. ≠ ....
Els horaris són **bons**. ≠ ....

TASCA INTERMÈDIA En grups, penseu en una professió del futur i descriviu-ne les funcions i les condicions. Presenteu-la als vostres companys. Entre tots, decidiu quina és la feina més innovadora.

PUNT 2

la FEINA de BUSCAR FEINA!

A. Què has fet, fas o penses fer per buscar feina? Marca les teves respostes i parla'n amb un company. Quin és el mitjà més utilitzat per trobar feina?

- [ ] AGÈNCIES DE COL·LOCACIÓ
- [ ] ANUNCIS
- [ ] AUTOCANDIDATURES: ENVIAR CURRÍCULUMS
- [ ] BORSES DE TREBALL EN LÍNIA
- [ ] XARXES SOCIALS

B. Llegeix els anuncis de feina i marca al quadre la informació que hi pots trobar. Contrasta el resultat amb el d'un company.

1 · OFICINA JOVE — OFERTES DE FEINA
MONITORS DE LLEURE TITULATS

Oferta: La casa de colònies Bonmatí (Lleida) necessita monitors i monitores per a la temporada que ve.

Funcions principals: Dinamitzar les activitats que formen part del programa de colònies escolars. Treballar les actituds i els valors positius entre els joves.

Requisits: Cal que tingueu la titulació com a Director/a o Monitor/a d'activitats de lleure infantil i juvenil, que sapigueu idiomes (català, castellà, anglès i/o francès), que tingueu experiència en tasques en cases de colònies, campaments o camps de treball, i que sigueu persones creatives, pacients, responsables i amb iniciativa.

Altres: Disponibilitat per treballar els caps de setmana, carnet de conduir i vehicle propi.

Contacte: 678 13 17 93 / bonmatí@apunt2.cat

3 · OFERTA DE TREBALL

TIPUS D'OFERTA:	PERSONAL LABORAL
PLAÇA:	Busquem un/a arquitecte/a jove.
REQUISITS:	És important que siguis eficient i responsable, i que tinguis disponibilitat per viatjar. És imprescindible que parlis anglès. Contracte renovable. Possibilitats de promoció.
CONTACTE:	Pots enviar el teu CV a arquitectes@feines.cat.

4
ordenar per: rellevància ▲▼

Metge / metgessa de família (Eivissa)
1 resultat

CENTRE SOCIOSANITARI EIVISSA
Eivissa (Illes Balears)
Metge / metgessa de família. És imprescindible que tingui experiència com a metge/metgessa d'urgències i que domini l'alemany i l'anglès, a més del català i castellà.
Tracte cordial i facilitat per a les relacions humanes.
Horari nocturn i a torns, compatible amb altres obligacions professionals.
Telèfon de contacte (Dra. Coll): 971 310 854

2 · BORSA DE TREBALL

▲▼ DATA   ▲▼ LLOC DE TREBALL

03-01-2019   **ES NECESSITEN LAMPISTES - Reus**

Per a una petita empresa familiar de Reus. És necessari que puguin fer reparacions d'aigua, llum i gas en habitatges i locals. És imprescindible que tinguin els estudis primaris acabats i que parlin català i castellà. Jornada completa i incorporació immediata. Sou a convenir.

	ANUNCI 1	ANUNCI 2	ANUNCI 3	ANUNCI 4
estudis	✓			
experiència				
horari				
idiomes				
lloc de treball				
tipus de contracte				
tipus de jornada				
salari				

UNITAT 7

C. Fixa't en les estructures impersonals del quadre per indicar requisits. Busca en els anuncis les formes personals, escriu-les i digues a quina persona fan referència. Fes-ho amb el teu company.

Cal	tenir	cal que tingueu (vosaltres)
	saber	
	ser	
És necessari	poder	
És imprescindible	tenir	
	parlar	
	dominar	
És important	ser	
	tenir	

D. Fixa't en les formes del present de subjuntiu de l'activitat anterior i completa la conjugació. Existeix aquest temps verbal en la teva llengua?

tenir	saber	ser	poder	parlar	dominar
tingui	sàpiga	sigui	pugui	parli	domini
	sàpigues		puguis		dominis
	sàpiga	sigui	pugui	parli	
tinguem	sapiguem	siguem	puguem	parlem	dominem
			pugueu	parleu	domineu
	sàpiguen	siguin			dominin

E. Pensa en tres requisits necessaris per a la teva feina o estudis. Utilitza les estructures i els verbs de les activitats anteriors. Parla'n amb el teu company.

> Jo treballo de caixera i per ser caixera cal que tinguis paciència.

F. Escolta els missatges de veu i escriu a quina feina dels anuncis de l'activitat B es refereixen.
PISTA 43

CANDIDATA 1 ....
CANDIDATA 2 ....

VIGILANTS D'ILLA EXÒTICA
MODELS D'UNA PART DEL COS
BUSSEJADORS DE PILOTES DE GOLF
AVALUADORS D'OLORS
INSPECTORS DE PATATES FREGIDES
TASTADORS DE MENJAR PER A MASCOTES

TASCA INTERMÈDIA L'empresa **Feines de tota mena** vol publicar un reportatge sobre feines curioses. En grups, trieu-ne tres i escriviu els requisits necessaris per fer-les. Compartiu la informació amb els altres grups. Hi ha coincidències?

cent nou [109]

PUNT 3

Ofertes laborals

A. Llegeix les opinions del blog en què diverses persones parlen de les seves experiències amb el món laboral. Marca els temes de què es queixen. Estàs d'acord amb el que diuen? Parla'n amb el teu company.

- [ ] vacances
- [ ] horaris laborals
- [ ] disponibilitat de desplaçament
- [ ] salari
- [ ] estrès laboral
- [ ] requisits
- [ ] assetjament a la feina

TROBAR FEINES DIGNES

Ahir passejava pel carrer de la meva ciutat i en un petit recorregut vaig veure dos anuncis de feina, un en un forn de pa i l'altre en un restaurant. Avui dia hi ha feines que no es cobreixen, perquè les persones que acceptin aquestes feines cobraran un sou que no els permetrà viure amb independència econòmica. Una ocupació en llocs com aquests pot suposar treballar sis dies a la setmana, jornada partida i poca flexibilitat.

COMENTARIS

- És indignant! Avui he contactat amb una agència de comunicació que busca noies que tinguin una talla 38 per treballar en un congrés de telefonia!

- Doncs a mi, per ser repartidor, em demanen que tingui una carrera universitària i que parli idiomes. Això sí, em volen pagar 7 euros l'hora.

- Sí, sí, el problema és que les empreses ho volen tot! Demanen que els treballadors tinguin formació qualificada, però gran part dels contractes són temporals i els sous, baixos.

- He llegit en un anunci que la universitat necessita professorat jove, amb experiència i que faci hores extres sense cobrar. Ves per on! Així és difícil aconseguir la primera feina.

- Acabo de sortir d'una entrevista per fer d'auxiliar d'infermeria. Realment, s'aprofiten de la gent! Volen persones donades d'alta d'autònoms que treballin 12 hores i que facin torns de nit, i amb disponibilitat els caps de setmana.

- Fa dos anys que estic a l'atur! Trobar una feina digna és complicat! Els empresaris busquen becaris que facin les tasques d'un treballador contractat.

B. Llegeix les frases del quadre i busca una frase equivalent en els textos de l'activitat anterior. Quina és l'estructura que demana el present de subjuntiu? Fes-ho amb el teu company.

▷ Busquen noies amb una talla 38.
▷ Em demanen una carrera universitària i idiomes.
▷ Demanen treballadors amb formació qualificada.
▷ Necessita professorat per fer hores extres sense cobrar.
▷ Volen persones autònomes per treballar 12 hores i fer torns de nit.
▷ Busquen becaris per fer les tasques d'un treballador contractat.

C. Busca les formes del present de subjuntiu dels textos de l'activitat **A** que no coneguis, escriu-ne l'infinitiu i conjuga'ls.

D. Per parelles, escriviu un comentari al fòrum en què utilitzis les estructures de les activitats anteriors.

UNITAT 7

No tinc CAP

A. Saps què és ser multitasca, tenir una feina intel·ligent o teletreballar? Pots deduir-ne el significat? Parla'n amb el teu company.

B. Per parelles. Cadascú llegeix un text i, després, l'explica al company. Quines característiques tenen aquestes formes de treball?

- TREBALLAR DES DE CASA
- TREBALLAR SENSE CAP
- TREBALLAR PER OBJECTIUS
- FER MOLTES COSES ALHORA

El Just va estudiar periodisme i, després d'anys de feines precàries de tota mena, va entrar a treballar en una agència de comunicació. Ara, amb quaranta anys, quan arriba a l'agència de comunicació on treballa, sap que tindrà un dia de tot menys avorrit. Engegarà l'ordinador i, mentre obri la bústia de correu, anirà preparant un butlletí de notícies per a un client. A la vegada, penjarà a les xarxes socials les últimes novetats d'un altre dels comptes de l'empresa. "Sovint no arribo a tot, i tampoc tinc la capacitat de fer-ho tot igual de bé", es lamenta en Just.
Les empreses busquen cada cop més persones que puguin treballar en diverses tasques alhora. Però alguns estudis alerten que aquesta manera de treballar pot reduir la productivitat, perquè els treballadors tenen més dificultats per parar atenció i retenir conceptes que aquells que es concentren en una sola feina.

L'Anna va acabar el batxillerat i no va continuar estudiant perquè no sabia què fer. Durant un any va treballar al taller mecànic del seu pare. Després, va decidir fer un cicle formatiu, i es va matricular a un grau superior d'Energies renovables. L'ha acabat aquest any i l'empresa on ha fet les pràctiques l'acaba de contractar. "Tinc un horari flexible perquè a la meva feina no importen les hores treballades, sinó la presentació final dels objectius, els resultats. Es tracta d'una feina en què no és obligatori treballar fins a les set del vespre, sinó que pots sortir de l'oficina tranquil·lament a fer gestions. I els dies que ho decideixes, pots treballar des de casa sense rebre cap sanció ni males mirades." La feina intel·ligent neix amb l'objectiu de donar més autonomia i flexibilitat al treballador i permetre la conciliació entre feina i vida personal.

C. Torna a llegir els textos i subratlla-hi les estructures per explicar els estudis i la trajectòria professional. Comenta-ho amb el teu company.

D. (PISTA 44) Escolta el testimoni de la Marta, que explica els estudis que ha fet i la seva experiència professional. Ordena cronològicament les informacions que dona. Compara el resultat amb el d'un company.

- ☐ La van contractar en un centre d'acupuntura.
- ☐ Va treballar en un despatx d'advocats.
- ☐ Va estudiar medicina xinesa.
- ☐ Va fer un màster en Dret Europeu i Global.
- ☐ Va obrir el seu centre d'acupuntura.
- ☐ Va decidir deixar la feina.
- ☐ Se'n va anar a la Xina a fer les pràctiques.

E. Coneixes persones que voldrien canviar de feina? Per què? Coneixes gent en alguna de les situacions dels testimonis anteriors? Comenta-ho amb el teu company.

TASCA INTERMÈDIA

Demana al teu company la informació sobre els estudis que ha fet i l'experiència professional que té. Apunta-ho i fes-ne un resum. En grups, llegiu els resums i poseu en comú els estudis i les feines que han fet els companys.

> Vaig estudiar infermeria i després vaig treballar en un centre d'atenció primària de Vic.

> Ves per on! Jo també vaig treballar en l'àmbit sanitari, però d'administratiu.

PUNT SOCIOCULTURAL

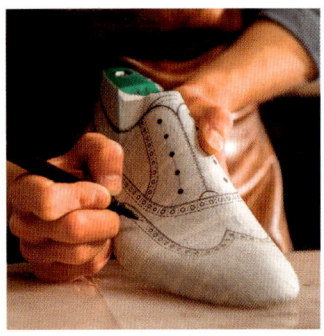

Professió: activitat laboral que fa una persona.

Ofici: professió d'un art manual o mecànic.

Gremi: associació de persones que tenen el mateix ofici (el gremi de fusters, el de vidriers, el de ferrers, etc.).

Aprenent: persona que aprèn algun ofici i el practica amb un mestre.

Artesà: persona que es dedica a fer treballs manuals, de manera tradicional.

Oficis singulars

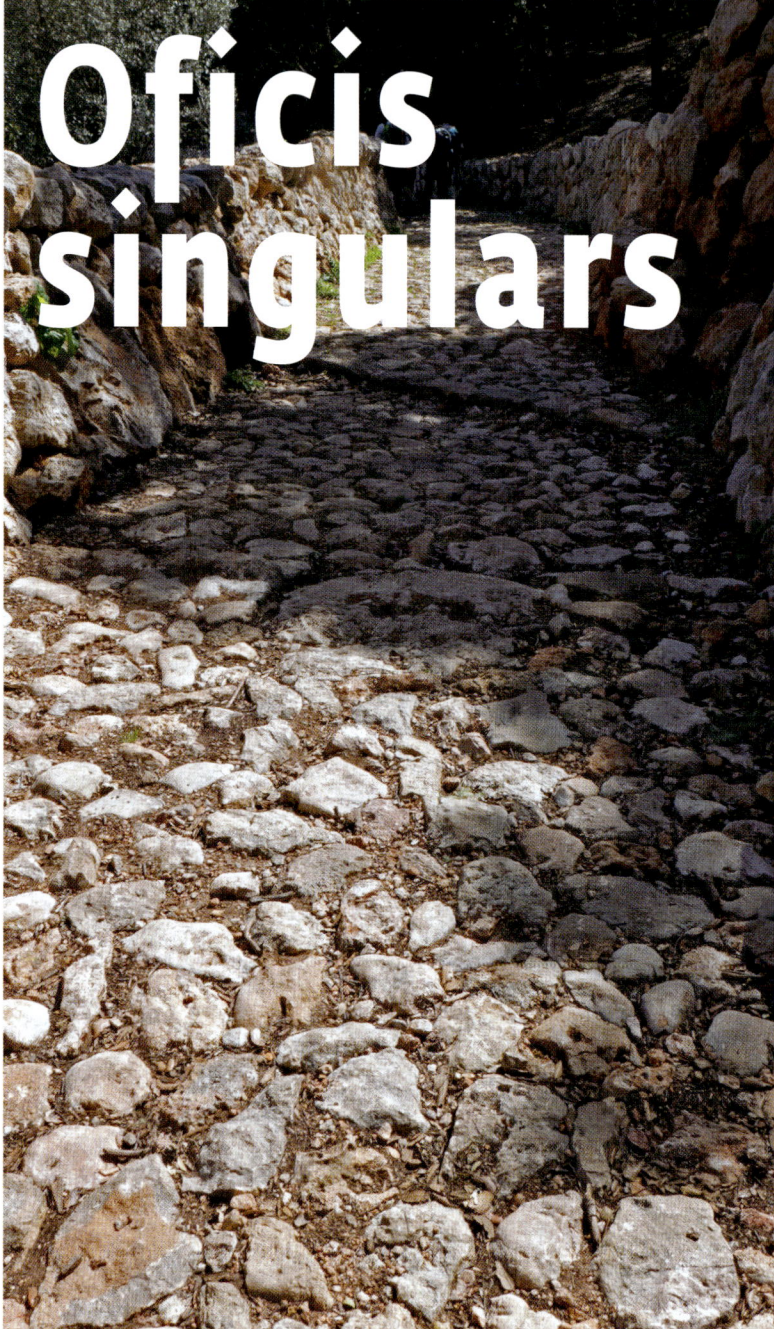

UNITAT 7

L'OFICI DE MARGER

La tècnica de la pedra en sec és Patrimoni Cultural Immaterial de la Humanitat per la UNESCO.

El paisatge de Mallorca està marcat pels prop de vint mil quilòmetres de marges que s'estenen per tota l'illa, des de la Serra de Tramuntana fins a Cala Mesquida, del cap de Formentor a la badia de Palma. Es tracta de petits murs fets amb la tècnica de pedra seca que protegeixen les terres de cultiu. L'ofici de marger, doncs, està íntimament lligat al paisatge mallorquí.

Ja fa molts anys que els mallorquins aprofiten l'abundància de pedra per construir murs que eviten que el vent faci malbé les terres de conreu. Però per fer-ho bé cal saber on col·locar cada pedra i com col·locar-la, perquè la tècnica de la pedra seca consisteix a fixar cada roc sense ciment. De margers n'hi ha hagut a tot arreu, però a Mallorca es va convertir en una vertadera especialització, perquè els margers resolien problemes de construcció molt complexos.

Actualment els margers s'ocupen del manteniment dels murs de pedra seca de l'illa, però cada cop hi ha menys professionals d'aquesta feina artesanal. No només cal dominar la tècnica, sinó que també cal saber conservar el patrimoni. És per això que el Gremi de Margers reivindica la professionalització de l'ofici i que hi hagi escoles on formar-se. D'entrada, ha creat una borsa de treball per donar feina a persones que realment dominin la tècnica de la pedra seca. Els margers volen que es reconegui un ofici que requereix cinc anys de pràctica per poder-lo dominar. La seva feina és molt dura, però se senten molt orgullosos de ser margers, perquè les seves parets continuaran marcant el paisatge mallorquí durant molts i molts anys.

A. Llegeix les definicions i assegura't que n'entens el significat. Existeixen els conceptes que es defineixen en la teva cultura? Parla'n amb un company.

B. Llegeix el text sobre l'ofici de marger. Quins creus que són els requisits per fer aquesta feina? Escriu-los i compara'ls amb els del teu company.

Requisits

C. (PISTA 45) Llegeix els oficis següents i assegura't que n'entens el significat. Després, escolta l'entrevista al senyor Cabot, que ens parla dels oficis que han desaparegut o estan desapareixent, i marca'ls.

- ☐ CAMPANER
- ☐ ESMOLET
- ☐ FERRER
- ☐ FUSTER
- ☐ LLAUNER
- ☐ VIDRIER
- ☐ PREGONER
- ☐ PORTER
- ☐ SABATER
- ☐ SERENO

D. Busca informació sobre algun ofici singular i explica'l als teus companys.

GRAMÀTICA

Bo, bon, dolent, mal

Els adjectius **bo, bona, bons** i **bones** poden anar davant i darrere dels noms. El masculí singular, **bo**, quan va davant del nom canvia a **bon**. **Bon, bona, bons, bones** van precedits per l'article indefinit pertinent.

*El sou és **bo**.*   *Els horaris són **bons**.*
*És **un bon** sou.*   *Són **uns bons** horaris.*
*La feina és **bona**.*   *Les condicions són **bones**.*
*És **una bona** feina.*   *Són **unes bones** condicions.*

Si els adjectius **dolent, dolenta, dolents** i **dolentes** van davant del nom canvien per **mal, mala, mals, males**, i acostumen a anar precedits per l'article indefinit. Les formes que precedeixen el nom no s'utilitzen gaire.

*El sou és **dolent**.*   *Les condicions són **dolentes**.*
*La feina és **dolenta**.*   *En Pau és **un mal** professional.*
*Els horaris són **dolents**.*

Bé, ben, malament, mal

L'adverbi **bé** i el seu contrari **malament** modifiquen el sentit d'un verb.

*Diuen que els rics viuen **bé** ≠ **malament**.*
*Estic **bé** ≠ **malament**.*
*Ho has fet **bé** ≠ **malament**.*

Els adverbis **bé** i **malament** canvien a **ben** i **mal**, quan van davant d'un participi. **Ben** també pot anar davant d'un adjectiu o d'un adverbi en el sentit de **molt** o **bastant**.

*Els treballadors estan **ben** ≠ **mal** pagats.*
*La feina està **ben** ≠ **mal** feta.*
*Aquest projecte és **ben** bo.*

Present de subjuntiu

-ar	verbs irregulars				
parlar	**ser**	**tenir**	**poder**	**fer**	**saber**
parli	sigui	tingui	pugui	faci	sàpiga
parlis	siguis	tinguis	puguis	facis	sàpigues
parli	sigui	tingui	pugui	faci	sàpiga
parlem	siguem	tinguem	puguem	fem	sapiguem
parleu	sigueu	tingueu	pugueu	feu	sapigueu
parlin	siguin	tinguin	puguin	facin	sàpiguen

Estructures amb subjuntiu

*Per ser professor **és necessari** tenir paciència.* (impersonal)

*Si vols ser professor, **és imprescindible que tinguis** paciència.* (personal)

	impersonal	personal
és necessari		
és imprescindible	+ infinitiu	**que** + present de subjuntiu
és indispensable		
cal		

Busquen un noi que tingui experiència.

voler		
buscar	algú /	**que**
demanar	persones /	+ present de subjuntiu
necessitar	un candidat…	

Perífrasi caldre + infinitiu / que + subjuntiu

Per donar consells, instruccions o expressar requisits, podem utilitzar la perífrasi: **caldre** + infinitiu (forma impersonal) o **caldre** + **que** + subjuntiu (forma personal).

*Per entrar a treballar en aquesta empresa **cal parlar** idiomes.* (impersonal)

*Si en Joan vol ser monitor **cal que parli** català i castellà.* (personal)

UNITAT 7

LÈXIC

1. Completa el mapa conceptual.

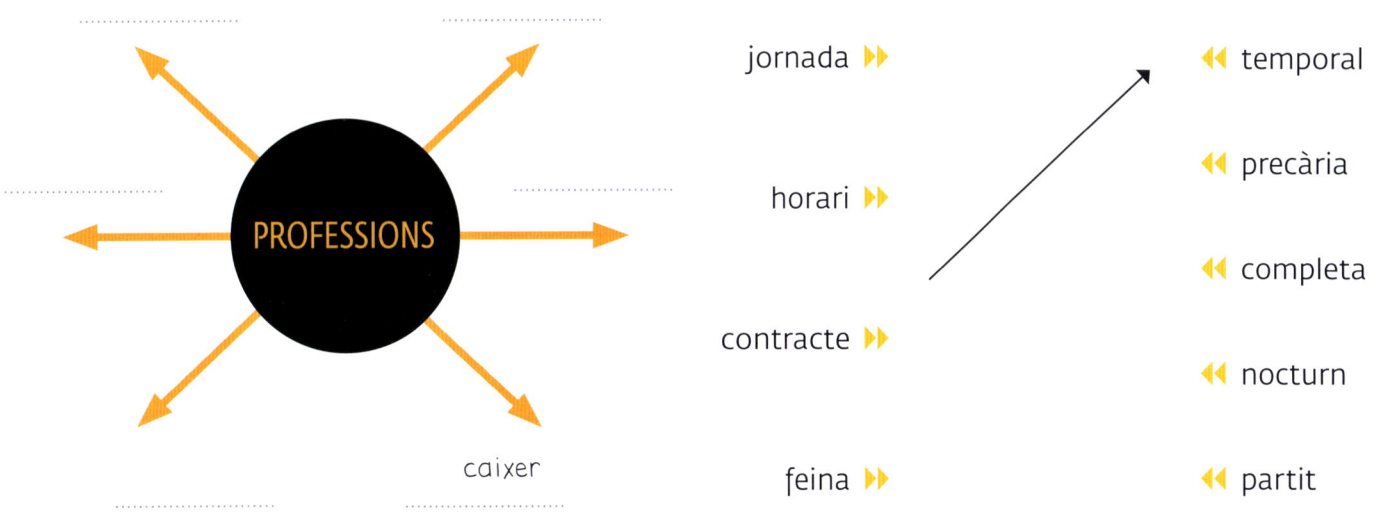

PROFESSIONS

caixer

2. Relaciona els elements de les dues columnes.

jornada ▶▶   ◀◀ temporal

                  ◀◀ precària

horari ▶▶   ◀◀ completa

                  ◀◀ nocturn

contracte ▶▶

feina ▶▶   ◀◀ partit

FONÈTICA I ORTOGRAFIA

 1. Escolta les frases i completa les formes verbals del present de subjuntiu.
PISTA 46

1. Cal que parl........ alemany per poder fer aquesta feina.
2. És imprescindible que ting........ experiència.
3. És important que sig........ eficients i responsables.
4. Cal que domin........ molt bé l'anglès.
5. És necessari que sapig........ treballar en equip.
6. Cal que pug........ treballar els caps de setmana.
7. És imprescindible que fac........ hores extres.
8. Cal que sàpig........ informàtica.

 2. Escolta i repeteix les següents frases. Fixa't en la pronunciació de la vocal neutra del que.
PISTA 47

1. Cal que siguis eficient.
2. Cal que dominem idiomes.
3. Cal que tingui experiència.
4. Cal que sapigueu anglès.

 3. Escolta i repeteix les frases següents. Fixa't en la pronunciació de les paraules destacades.
PISTA 48

1. El sou és **bo**.
2. És un **bon** sou.
3. És un negoci **bo**.
4. És un **bon** negoci.
5. És un resultat **bo**.
6. És un **bon** resultat.
7. Els dentistes viuen **bé**.
8. Ho has fet **bé**.
9. Els treballadors estan **ben** pagats.
10. La feina està **ben** feta.

cent quinze [115]

TASCA COL·LECTIVA

A. Per parelles, penseu en una feina que conegueu i feu una llista de les funcions, les condicions i els requisits per fer-la.

B. Escriviu un anunci per buscar un candidat per a la feina.

C. Pengeu els anuncis perquè els companys de la classe els llegeixin. Cada parella ha d'escollir dos anuncis i preparar-se per fer una entrevista.

D. Cada parella n'entrevista una altra, que es presenta com a candidata. Escolliu la parella més adequada per a la feina.

Fem balanç

1. Ara sé…

	♥	☺	☹
Demanar i dir a què es dedica algú.			
Demanar i dir en què consisteix una feina.			
Donar informació i entendre requisits i condicions d'una feina.			
Explicar l'experiència professional.			

2. Comentaris sobre la tasca.

TASCA INDIVIDUAL

A. Entrevista una persona que hagi canviat de feina. Pots demanar-li pels estudis, per l'experiència professional i per la feina que fa ara (condicions, requisits, etc.).

B. Recull la informació més interessant de l'entrevista.

C. Enregistra un vídeo en què expliquis l'entrevista per compartir-lo amb els companys. Mira els vídeos dels teus companys i valora quin és el testimoni més interessant i quin és el vídeo més original.

3. Avalua la tasca dels teus companys i comenta'ls la teva valoració.

L'entrevista és completa.	♥ ☺ ☹
Utilitza continguts de la unitat.	♥ ☺ ☹
El lèxic és adequat.	♥ ☺ ☹

8 I si sortim?

TASQUES INTERMÈDIES
- Valorar diverses propostes per fer el cap de setmana
- Escriure un missatge per proposar de fer alguna cosa conjuntament
- Donar les indicacions per anar de casa a l'escola

PUNT DE PARTIDA

TASQUES FINALS
- Organitzar una trobada per fer una activitat de lleure
- Fer la descripció d'un lloc que t'agradi molt i explicar com s'hi va

Coses per fer

A. Quina va ser la darrera vegada que et vas trobar en una de les situacions de les fotografies? Parla'n amb un company.

> L'última vegada que vaig anar al cine va ser la setmana passada.

> Què vas veure?

B. Llegeix la informació sobre les activitats de lleure que es fan el cap de setmana i comenta-la amb el teu company.

QUÈ ES POT FER A LA TEVA CIUTAT?

- CINE
- TEATRE
- EXPOSICIONS O MUSEUS
- FESTIVALS O FIRES
- ESPECTACLES DE DANSA
- CONCERTS

> A la meva ciutat no fan gaires concerts.

♀
- Anar a mercats de segona mà
- Anar de copes
- Anar a karaokes

♂
- Fer esport
- Anar a restaurants
- Passejar amb la família

👪
- Quedar amb els amics
- Sortir de nit
- Fer excursions

> Jo sortiria amb els meus companys de classe: aniria a la discoteca, per exemple.

C. Escull tres activitats de la llista anterior i digues amb qui les faries. Parla'n amb un company.

PUNT 1

QUÈ FEM?

A. Mira el format de la imatge on hi ha els textos. De quin tipus de publicació es tracta? Quina informació creus que hi pots trobar? Parla'n amb un company.

B. Per parelles, llegiu els textos, verifiqueu les respostes de l'activitat **A** i escriviu un títol per a cada text. Contrasteu-los amb els d'una altra parella.

UN CAP DE SETMANA ACTIU

Divendres

1. _____

Al cor de la ciutat hi ha el Bar Central, el lloc ideal per començar el cap de setmana i gaudir de les millors tapes de la ciutat. Són boníssimes! El local és modern i hi ha molt bon ambient. Si us ve de gust anar-hi, feu la reserva abans. Sempre s'omple de gent i costa trobar-hi taula.

2. _____

La nit transforma els carrers i les places. Si al matí el barri és espectacular, de nit encara ho és més! Té molt encant: carrers estrets, gent de tot arreu… i locals de festa! Hi trobareu l'espai que busqueu per fer-hi una copa amb tranquil·litat o per deixar-vos portar per la música.

Dissabte

1. _____

Comenceu el dissabte amb energia i veniu a ballar swing a l'aire lliure, acompanyats de bona música i balladors experts que us ajudaran si no en sabeu gaire. Si voleu aprendre a ballar swing o voleu passar un matí divertit, aquesta és la vostra oportunitat. El cos us ho agrairà.

2. _____

Si ja esteu cansats dels museus més coneguts de la ciutat, us proposem de visitar els més curiosos, els museus que no surten a les guies turístiques: el museu del Perfum, el museu de la Màgia, el museu de l'Eròtica, el museu de la Xocolata, el museu dels Dinosaures… Museus diferents i fascinants per descobrir. Quin voleu visitar?

3. _____

Comencen les sessions de cine a l'aire lliure. Enguany us oferim una selecció de pel·lícules clàssiques i actuals en un lloc històric de la ciutat. Podeu aprofitar un espai extraordinari per fer-hi un pícnic i escoltar música en directe. A més, teniu a disposició gandules perquè l'experiència sigui més còmoda. Si arribeu d'hora, segur que en trobeu de lliures.

Diumenge

1. _____

Diumenge al matí, quan la ciutat encara dorm, és el millor moment per descobrir-la, però amb patinet elèctric. Passegeu per davant dels edificis més bonics de la ciutat, escolteu les explicacions de les guies i descobriu racons que no coneixeu sense cansar-vos!

2. _____

Roba, discos, llibres, mobles… a un molt bon preu. Trobeu tot allò que busqueu en els mercats de segona mà que es fan el cap de setmana. Hi ha mercats per a tots els gustos a diversos barris de la ciutat. I, a més de les parades, hi ha música en directe i cuina de carrer per fer-hi un mos. No us ho perdeu!

3. _____

Grans i petits, veniu als tallers de titelles i putxinel·lis que organitzem diumenge al matí. Farem activitats d'allò més divertides: inventarem històries, pintarem titelles, aprendrem a moure-les… En acabar els tallers, hi haurà una xocolatada.

UNITAT 8

C. Llegeix els comentaris i pinta les estrelles que creguis per puntuar l'activitat de lleure de què parlen. 1 estrella indica que l'opinió és molt dolenta i 5, molt bona. Compara els resultats amb els d'un company.

Jordi — Valoració ☆☆☆☆☆

No entenc què hi veu la gent, en aquesta activitat. Està bé conèixer racons de la ciutat, però anar-hi amb patinet ho trobo perillós i ridícul. Van per damunt les voreres sense mirar si hi ha gent que passeja. Els patinets són per als nens. Que gent gran vagi amb patinet, és vergonyós.

Mònica — Valoració ☆☆☆☆☆

Anar de tapes m'encanta, i les tapes que fan al Bar Central les trobo exquisides. Són excel·lents! És un lloc ideal per anar-hi amb els amics, divendres a la nit. M'agrada molt la decoració del local, la trobo molt moderna i acollidora! Aneu-hi, a veure què us sembla!

Carme — Valoració ☆☆☆☆☆

No sabia que a la ciutat hi ha altres museus, a banda dels més coneguts. Ha sigut una gran descoberta. El museu de la Xocolata, el trobo deliciós, i el museu de l'Eròtica, el trobo excitant! Una bona proposta per fer amb amics i passar un bon dia!

Ricard — Valoració ☆☆☆☆☆

Hem visitat llocs que no coneixia amb molta història. Val molt la pena! Fas cultura i passeges per la ciutat. Anar amb patinet, ho trobo molt pràctic, i conèixer racons de la teva ciutat, ho trobo interessant. I fer les dues coses juntes és molt original i divertit!

Sílvia — Valoració ☆☆☆☆☆

Amb les amigues hem anat al mercat de segona mà. Elles ho troben entretingut, però a mi no m'agrada gens anar-hi! Els mercats de segona mà, els trobo avorrits i caòtics. Sempre hi ha la mateixa gent i no m'agrada res del que venen. Anar als mercats de segona mà, ho trobo pesat.

👁 **D.** Fixa't en les expressions destacades dels comentaris. A quin element fan referència els pronoms? En quin cas utilitzem el pronom **ho**? Parla'n amb un company.

E. Busca els adjectius que es fan servir en els textos de l'activitat **C** per valorar les activitats de lleure i escriu-los segons la classificació del quadre. Escriu altres adjectius per descriure les activitats. Fes-ho amb un company.

F. Amb quin dels comentaris de l'activitat **C** et sents més identificat? Parla'n amb un company.

> A mi tampoc m'agrada anar als mercats de segona mà, els trobo molt caòtics.

🎧 PISTA 49 **G.** Escolta les converses següents i digues de quines propostes de l'activitat **B** parlen. Torna-les a escoltar i escriu els adjectius que s'utilitzen per valorar l'activitat.

diàleg 1: ....
diàleg 2: ....
diàleg 3: ....
diàleg 4: ....

TASCA INTERMÈDIA En grups, elaboreu una pàgina com la de l'activitat B amb tres propostes per fer per al cap de setmana a la ciutat on viviu. Reuniu totes les propostes, doneu la vostra opinió i valoreu-les.

cent vint-i-u [121]

PUNT 2

☐ GRUP 1

JAPONÈS O PIZZA
última vegada avui a les 17:30

Oriol
Ei, per què no anem al restaurant japonès de la plaça i després a fer unes copes? Si quedem a quarts de nou, segur que trobem taula!

David
Uf, quina mandra! Per què no ens quedem a casa i mirem una sèrie?

Martí
Jo prefereixo sopar al japonès i anar a fer unes copes després, com diu l'Oriol.

David
Nois, a mi no em ve de gust anar-hi. El japonès el trobo car i no m'agrada gaire.

Oriol
Què et ve de gust fer, doncs? Quedar-te a casa?

Martí
Al David mai no li ve de gust sortir! No vol fer res!

David
És que a casa s'hi està tan bé! I si demanem unes pizzes i ens les mengem a casa?

Oriol
Au, vinga, nois, jo avui tinc ganes de sortir. És divendres i no vull tancar-me a casa! Jo surto!

Et ve de gust quedar?

A. Llegeix les converses següents i marca quin és el grup en què les persones es posen d'acord per fer una activitat conjuntament.

☐ GRUP 2

CONCERT
última vegada avui a les 11:10

Eva
Sandra, què et sembla si anem a veure el grup de música de la Bet? Toca aquest vespre.

Sandra
És avui? Ostres, em sap greu, però no puc. Estic molt enfeinada! És que haig d'acabar una traducció!

Eva
Au, vinga! Només serà una estona. Quedem cap a les vuit i marxem de seguida! Si marxem del concert cap a un quart d'onze, et va bé?

Sandra
És que no em va gaire bé, Eva. Ho sento! Avui és impossible!

Eva
Llàstima! No t'hi amoïnis. Em sembla que toquen un altre dia, ja hi anirem.

Sandra
Sí, un altre dia em sembla perfecte!

☐ GRUP 3

CINE?
última vegada avui a les 16:05

Llorenç
Hola! Teniu ganes de fer alguna cosa avui al vespre? A la Filmoteca fan una pel·lícula que està bé.

Glòria
Molt bé! Fa temps que no hi anem! Però avui no sé si al Santi li va bé...

Santi
Ei, avui em va perfecte!

Glòria
Genial! Després podem anar a menjar alguna cosa ràpida.

Santi
Entesos, però jo m'estimo més anar a prendre alguna cosa abans, que després és molt tard. Podem quedar una hora abans i fer uns entrepans.

Llorenç
Sí, a mi també m'agrada més menjar alguna cosa abans. Podem quedar a les set i així tenim més temps.

Glòria
D'acord. A mi tant me fa, però no feu tard i no arribeu a les set tocades, que no m'agrada esperar-me sola!

Santi
És que tu sempre arribes massa d'hora!

UNITAT 8

B. Torna a llegir les converses i classifica les expressions destacades segons la funció que expressen. Fes-ho amb un company. Busca una expressió equivalent en la teva llengua per a cada funció.

Fer propostes: ....
Expressar preferència: ....
Rebutjar una proposta: ....
Donar excuses: ....
Acceptar excuses: ....
Acceptar una proposta: ....
Expressar indiferència: ....

C. Busca en els missatges les formes dels verbs **venir de gust** i **anar bé**, i completa el quadre. Per què els verbs **venir** i **anar** són en tercera persona? Coneixes altres estructures similars? Parla'n amb un company.

(a mi)		de gust
(a tu)		
(a ell, a ella, a vostè)		infinitiu
(a nosaltres) ens		
(a vosaltres) us	bé	
(a ells, a elles, a vostès) els		

D. Completa el quadre amb les expressions de temps relacionades amb l'hora de trobada que surten en els missatges. Contrasta-les amb les d'un company. Com es tradueixen en la teva llengua?

HORES APROXIMADES

E. Observa les fotografies i marca què creus que farà cada parella aquesta nit. Parla'n amb un company. Després, escolteu les converses i comproveu si són correctes les vostres hipòtesis.

PISTA 50

A

Segur que a elles els ve de gust sortir de festa.

B

☐ Fer una ruta nocturna amb bicicleta
☐ Anar a la inauguració d'una exposició
☐ Anar a fer unes tapes
☐ Fer un joc d'escapada en viu
☐ Anar al karaoke
☐ Fer una cervesa
☐ Sortir de festa

TASCA INTERMÈDIA Escriu un missatge al grup de WhatsApp de la classe i proposa de fer alguna cosa conjuntament. Contesta els missatges: expressa preferència, fes contrapropostes, rebutja o accepta la proposta, dona excuses, etc. Amb quin company pots fer alguna cosa?

cent vint-i-tres [123]

PUNT 3

QUAN ARRIBIS, TRUCA'M

A. Observa el mapa i busca-hi els elements següents.

- EL PONT
- L'ESTACIÓ DE TREN
- LA PLAÇA
- EL PARC
- LA RAMBLA
- L'HOSPITAL
- L'ESGLÉSIA
- EL MERCAT
- L'AJUNTAMENT

UNITAT 8

B. Llegeix els missatges i assegura't d'entendre el significat de les paraules destacades. Ajuda't del diccionari. Després, marca al plànol el recorregut que s'hi descriu. Compara el resultat amb el del teu company.

De:	pereb@apunt.cat
A:	genlo2003@apunt.cat
Assumpte:	Visita a Terrassa

Genís i Lola,
Quina il·lusió que vingueu a Terrassa aquest cap de setmana! Ja sabeu que és la Festa Major i que hi ha moltes activitats per fer.
Us dono les indicacions per arribar al lloc de trobada: quan arribeu a Terrassa amb el tren, baixeu a l'estació Terrassa-Rambla. Sortiu a la Rambla i pugeu tot recte cap amunt fins que trobeu el carrer Volta i, allà, gireu a l'esquerra i aneu tot recte. El parc queda allà mateix. Ja el veureu!
Si teniu algun problema, truqueu-me!

Pere

De:	clauvila@apunt.cat
A:	martinapi@apunt.cat
Assumpte:	Dissabte a Terrassa

Martina,
T'envio les instruccions per quan arribis a Terrassa. L'autobús et deixarà a l'estació d'autobusos. Quan baixis del bus, ves a buscar la Rambla i puja tot recte fins al Portal de Sant Roc. Gira a la dreta, continua pel Portal de Sant Roc i segueix pel carrer Major fins a la plaça Vella. Quan arribis a la plaça Vella, tomba a l'esquerra pel carrer Cremat i ves tot recte fins al final del carrer. Ens trobem allà mateix. L'edifici és molt gran i ja veuràs les banderes de seguida. És molt fàcil! Quan siguis allà, truca'm!
Tinc moltes ganes de veure't! Ens ho passarem molt bé.

Clàudia

C. Torna a fixar-te en les formes destacades dels missatges i completa el quadre amb les formes de l'imperatiu. Pots deduir-ne la norma? Fes-ho amb un company.

	tu	vosaltres
infinitius acabats en **-ar**		
anar		
sortir	surt	
seguir		seguiu

D. Per parelles, busqueu les expressions de lloc per donar indicacions en els missatges i subratlleu-les. En coneixeu el significat? Ajudeu-vos del diccionari.

 E. Al punt d'Informació Turística, al Parc de Sant Jordi, donen indicacions per moure's per la ciutat. Escolta les converses següents, dibuixa els recorreguts en el mapa de l'activitat **A** i marca-hi la destinació segons les indicacions. Comprova el resultat amb el del teu company.

 F. Torna a escoltar les dues converses i marca les indicacions que corresponen a cadascuna. Comprova el resultat amb el d'un company.

	CONVERSA 1	CONVERSA 2
Surti del Parc i vagi fins a la Rambla.	☐	☐
Quan siguin a la Rambla, girin a mà esquerra.	☐	☐
Agafi el carrer Cremat.	☐	☐
Pugin tot recte cap amunt.	☐	☐
Travessi la Rambla i vagi a buscar la plaça de l'Ajuntament.	☐	☐

G. Fixa't en les formes de l'imperatiu destacades de l'activitat anterior. Quines formes es refereixen a vostè i quines, a vostès? Fes-ho amb un company.

TASCA INTERMÈDIA Per parelles, agafeu un mapa del lloc on estudieu i doneu-vos les indicacions per anar de casa vostra a l'escola. Marqueu la ruta al mapa i comproveu els resultats. Qui ha de caminar més?

cent vint-i-cinc [125]

PUNT SOCIOCULTURAL

No t'ho perdis!

ANIMAC

L'ANIMAC és la Mostra Internacional de Cinema d'Animació que es fa cada any a Lleida, des del 1996. És un dels festivals de referència internacional del cinema d'animació. Durant quatre dies del mes de febrer, de dijous a diumenge, a l'ANIMAC es fan projeccions de films, conferències i tallers sobre les diferents tècniques de l'animació audiovisual. Una manera entretinguda i creativa de passar el cap de setmana.

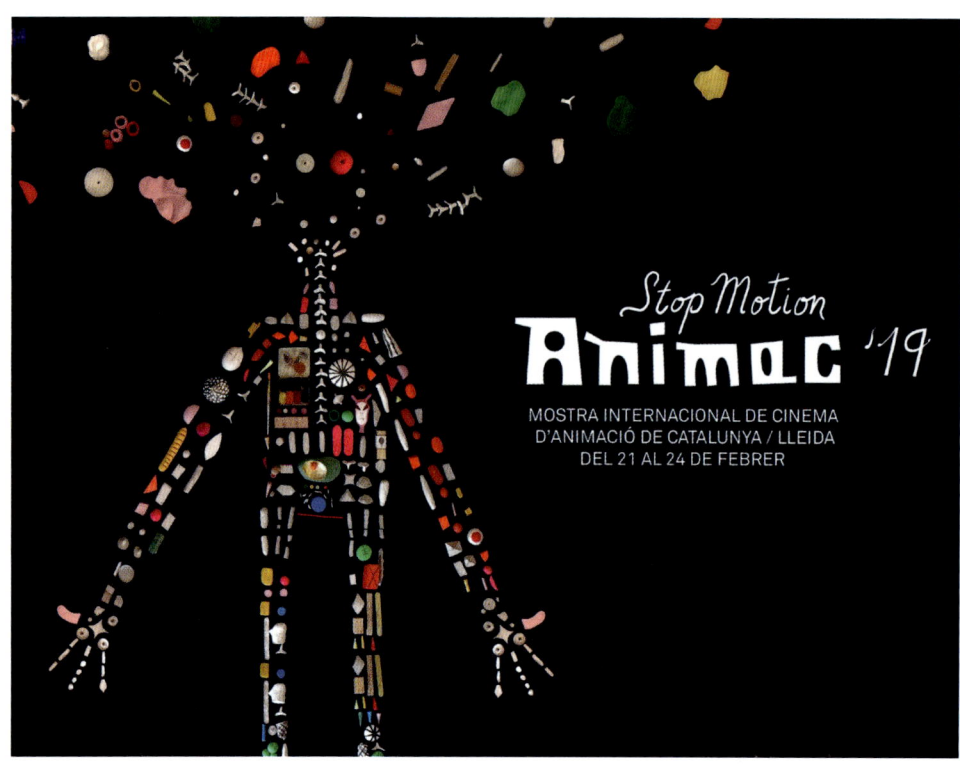

FESTIVAL DE LLEGENDES DE CATALUNYA

Catalunya és un país d'històries i llegendes populars, i al petit poble de Sant Martí de Tous, a la comarca de l'Anoia, se celebra des de fa nou anys el Festival de Llegendes de Catalunya amb la intenció de donar-les a conèixer. Durant un cap de setmana d'estiu, el poble es transforma per explicar de moltes maneres diferents llegendes d'arreu dels Països Catalans. Una proposta fascinant per passar un cap de setmana de llegenda.

UNITAT 8

FESLLOC, EL FESTIVAL DE MÚSICA VALENCIANA

El Feslloc és un festival de música que s'organitza cada estiu des del 2007 al municipi de Benlloc (la Plana Alta). És un dels festivals musicals més importants dedicats a grups i solistes del País Valencià. El poble, durant tres dies intensos, és un escenari gegant per on passen tot tipus de propostes musicals. També és un punt de trobada dels joves que venen d'arreu del país i, per això, s'organitzen diverses activitats durant tot el dia. I per als que no es volen perdre ni una nit de festival, hi ha una zona d'acampada gratuïta per descansar-hi quan faci falta. Us hi apunteu?

TRAPEZI, LA FIRA DEL CIRC DE CATALUNYA

La ciutat de Reus us convida cada any al mes de maig a gaudir del Trapezi, la Fira del Circ de Catalunya, una de les fires més importants a escala internacional. Les places i els carrers d'aquesta població s'omplen d'espectacles de circ per a tots els públics: trapezistes, malabaristes, pallassos, acròbates... És una ocasió única per veure la força i la vitalitat d'aquesta art escènica. Deixeu-vos sorprendre per la màgia del circ!

A. Coneixes algun festival que tingui lloc als Països Catalans? Parla'n amb el teu company.

B. En grups de quatre. Cadascú llegeix una de les propostes i l'explica als altres amb la intenció de convèncer-los per anar-hi. Quina és la proposta que té més èxit?

C. Escolta el reportatge sobre el Grec, Festival de Barcelona i completa la fitxa següent.
PISTA 52

FITXA TÈCNICA

NOM DEL FESTIVAL:
Grec

TIPUS DE FESTIVAL:

LLOC:

DATES:

NOMBRE DE VISITANTS:

ALTRES PROPOSTES DEL FESTIVAL:

D. Busca informació sobre un festival al qual hagis assistit o t'agradaria anar i presenta'l als teus companys.

PUNT DE SUPORT

GRAMÀTICA

Pronoms d'objecte directe el, la, els, les, ho

Els pronoms **el**, **la**, **els**, **les** substitueixen l'objecte directe, quan aquest objecte directe va precedit per un article definit, un demostratiu o un possessiu. Si l'objecte directe és un infinitiu o una frase d'infinitiu, es pot substituir pel pronom **ho**.

*Has vist **el restaurant**?*
*Sí, **el** trobo molt acollidor.*

*Has sentit **els diàlegs**?*
*Sí, estan bé. **Els** trobo divertits.*

*Vols **anar a patinar**?*
*No. **Ho** trobo perillós.*

*Has llegit **la crítica de la pel·lícula**?*
*Sí, **la** trobo molt interessant.*

*Has estudiat **les nostres propostes**?*
*Sí, però **les** trobo avorrides.*

Preferir / estimar-se més / agradar més

Utilitzem **preferir**, **estimar-se més** i **agradar més** per indicar preferències. El subjecte de **preferir** i **estimar-se més** és la persona que expressa la preferència. En canvi, la forma **agradar més** sempre va en tercera persona, del singular o del plural, perquè el subjecte és l'activitat (nom o infinitiu), i es conjuga amb els pronoms d'objecte indirecte.

*Els teus amics **s'estimen més** / **prefereixen** anar a fer una copa.*
*Jo **m'estimo més** / **prefereixo** les pel·lícules romàntiques.*
*Als teus amics **els agrada més** anar a fer una copa.*
*A mi **m'agraden més** les pel·lícules romàntiques.*

Formes verbals amb pronom d'objecte indirecte

Les formes verbals **agradar (més)**, **anar bé**, **semblar bé**, **estar bé**, **venir de gust** i **ser igual** es conjuguen amb el pronom d'objecte indirecte i el verb en tercera persona, del singular o del plural, perquè el subjecte és una activitat (nom o infinitiu).

*A mi m'**agrada (més)** anar al cine que al teatre.*
*Et **va** bé quedar a les set?*
*Us **sembla** bé anar a fer una copa?*
*Ens **està** bé aquest restaurant.*
*Li **ve** de gust prendre un cafè?*
*M'**és** igual anar al concert o quedar-me a casa.*

pronom d'objecte indirecte	verb	subjecte
(a mi) em / m'	agrada (més) va bé sembla bé està bé ve de gust és igual	activitat
(a tu) et / t'		
(a ell, a ella, a vostè) li		
(a nosaltres) ens		
(a vosaltres) us		
(a ells, a elles, a vostès) els		

Imperatiu

Per donar instruccions per anar a un lloc podem utilitzar l'imperatiu. La segona persona del singular i del plural (tu i vosaltres) dels imperatius afirmatius provenen del present d'indicatiu. La tercera persona del singular i del plural (vostè i vostès), del present de subjuntiu.

	girar	seguir	sortir	anar
tu	gira	segueix	surt	ves
vostè	giri	segueixi	surti	vagi
vosaltres	gireu	seguiu	sortiu	aneu
vostès	girin	segueixin	surtin	vagin

Quan + subjuntiu

Si volem expressar accions futures, el verb de l'oració introduïda per **quan** va en subjuntiu.

*Quan **arribis**, truca'm.*

UNITAT 8

LÈXIC

1. Relaciona el verb amb el dibuix.

PUJAR ◯

BAIXAR ◯

GIRAR ◯

TRAVESSAR ◯

2. Completa el mapa conceptual.

HORES APROXIMADES

entre les sis i les set

FONÈTICA I ORTOGRAFIA

 1. Escolta i repeteix les frases següents. Fixa't en l'entonació.

1. Què et sembla si anem a veure el concert de la Bet?
2. Ei, per què no anem al restaurant japonès de la plaça?
3. Teniu ganes de fer alguna cosa aquest vespre?
4. Et ve de gust anar a la festa que els veïns fan avui?

 2. Escolta les frases següents i fixa't en l'entonació. Marca les frases que tenen l'entonació de preguntes per fer propostes. Torna-les a escoltar i repeteix-les.

	1	2	3	4	5	6	7
Preguntes per fer propostes	☐	☐	☐	☐	☐	☐	☐

cent vint-i-nou [129]

TASQUES

TASCA COL·LECTIVA

A. En grups, busqueu informació d'activitats de lleure que s'organitzin al lloc on viviu i escolliu-ne una.

B. Elaboreu un text per ser enregistrat: expliqueu en què consisteix l'activitat, doneu la informació, l'hora en què tindrà lloc, on és i animeu la gent a anar-hi.

C. Enregistreu el text. El podeu acompanyar de música i d'imatges. Visioneu totes les gravacions i voteu la proposta que més us agradi.

D. Organitzeu una trobada per fer la proposta guanyadora.

Fem balanç

1. Ara sé...

Fer valoracions.	♥	☺	☹
Fer propostes i contrapropostes per fer activitats conjuntament.	♥	☺	☹
Expressar acord, desacord i indiferència.	♥	☺	☹
Acceptar o rebutjar una proposta.	♥	☺	☹
Indicar hores i temps d'una manera imprecisa.	♥	☺	☹

2. Comentaris sobre la tasca.

TASCA INDIVIDUAL

A. Tria un lloc que t'agradi molt de la ciutat on vius o d'una altra ciutat que coneguis. Pot ser un cafè, un museu, un cinema, un restaurant, una galeria d'art, un edifici històric, etc.

B. Escriu un text en què expliquis per què t'agrada el lloc i dona les indicacions per anar-hi des d'un punt de referència.

C. Envia el text a un company de classe, que hi haurà d'anar i haurà de fer-ne la valoració.

3. Avalua la tasca dels teus companys i comenta'ls la teva valoració.

La proposta és completa.	♥	☺	☹
Utilitza continguts de la unitat.	♥	☺	☹
El lèxic és adequat.	♥	☺	☹

9 Fem vida social?

TASQUES INTERMÈDIES
- Decidir qui s'organitza millor segons les activitats que ha fet
- Crear una cadena de favors
- Enregistrar un missatge de veu per demanar permís per fer una cosa

PUNT DE PARTIDA

TASQUES FINALS
▶ Organitzar un acte per celebrar el final de curs
▶ Explicar com se celebra una festa en diferents llocs

Tot sol no puc

A. Observa les persones de les fotografies i digues quins problemes poden tenir. Ajuda't de les paraules.

CREMAR ESPATLLAR-SE ADORMIR-SE ESTAR CANSAT SABER CUINAR INFLAR GLOBUS CONVIDATS

B. Llegeix els enunciats següents i relaciona'ls amb les fotografies. T'identifiques amb algun d'ells?

1. Ens quedarem sense aire als pulmons!
2. Que tard que és!
3. I aquesta olor? Crec que s'ha cremat la pizza del meu company de pis.
4. Apa! I ara l'ordinador no funciona!
5. La festa ha estat genial, però... Quina mandra rentar els plats.

C. Què creus que farà cada persona de les fotografies? Parla'n amb un company.

☐ Demanar un favor.
☐ Demanar permís per fer alguna cosa.
☐ Oferir ajuda.

> Jo crec que les persones que inflen globus demanaran ajuda.

D. En grups, penseu en altres situacions quotidianes en què demaneu un favor, demaneu permís per fer una cosa o oferiu ajuda a algú, i escriviu-les. Compareu la llista amb la d'un altre grup.

PUNT 1

Celebracions

A. Ordena els esdeveniments següents segons si són situacions més o menys formals. Parla'n amb un company.

- [ ] UN FUNERAL
- [ ] UN SOPAR DE CAP D'ANY
- [ ] UN HOMENATGE
- [ ] UNA FESTA D'ANIVERSARI
- [ ] UN CASAMENT

B. Relaciona les invitacions següents amb cada esdeveniment de l'activitat anterior. Quina informació característica de cada esdeveniment has trobat en el text? Fes-ho amb un company.

1
DIMARTS FAIG SET ANYS!
Per això et convido a la meva festa, que serà el **17 DE MAIG** al parc del Centre. Hi haurà berenar per a tothom i, és clar, no hi faltarà el **PASTÍS AMB ESPELMES!**

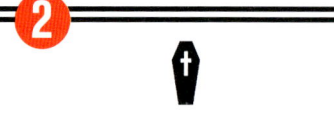

2
Manel Gimpert i Serrabassa ha mort a Figueres el 7 d'abril a l'edat de 97 anys. La seva família comunica a les amistats i persones conegudes que la cerimònia de comiat tindrà lloc al tanatori de Figueres el dia 8 d'abril a les 12.00 hores.

3 DIA 31
última vegada avui a les 20:00

Lluís, bon Nadal! Què fas el dia 31? Vols venir a casa? En Pere i jo ens trobem amb uns quants amics. Soparem i després farem les campanades. Potser sortirem de festa, però no ho crec.

4 Anna i Raquel — ENS CASEM!

Estem molt contentes de compartir aquest dia tan especial amb tu. L'enllaç serà el dia 13 de juny a l'Ajuntament de Montblanc i el convit, al restaurant del Mas de la Vall. Si us plau, confirma'ns si vindràs abans de l'1 de maig. Gràcies!

5
Cicle de conferències sobre
Montserrat Roig

Amb motiu de la celebració de l'aniversari de la mort de Montserrat Roig, l'Associació de Dones Escriptores organitza una sèrie de xerrades sobre l'autora barcelonina.

 PISTA 55 **C.** Escolta els diàlegs i marca en quines situacions es diuen les expressions següents. Quina expressió es fa servir en cada cas en la teva llengua? Parla'n amb un company.

	ANIVERSARI	CASAMENT	FUNERAL
T'acompanyo en el sentiment.	☐	☐	☐
Enhorabona!	☐	☐	☐
Per molts anys!	☐	☐	☐
Felicitats!	☐	☐	☐
Ho sento.	☐	☐	☐

D. Explica a un company què s'acostuma a fer en el teu país o en algun altre lloc que coneguis per celebrar els actes de què es parla a l'activitat **B**.

E. T'han fet mai una festa sorpresa o n'has preparat mai alguna a algú? Quina va ser la teva o la seva reacció? Parla'n amb un company.

> Per Cap d'Any acostumem a fer focs artificials.

> Una vegada vaig preparar una festa sorpresa als meus pares.

UNITAT 9

F. Llegeix els correus que s'han enviat en Claudi i la Júlia per preparar la festa sorpresa d'en Pol. De la llista de coses a fer, marca les tres que et semblen més urgents. Comenta-ho amb el teu company.

De: claudi.gh@apunt.cat
A: jghernandez@apunt.cat
Assumpte: Festa sorpresa!

Hola, Júlia!

He fet aquesta llista amb tot el que crec que hem de fer per preparar la festa d'en Pol:

– Crear grup de WhatsApp per avisar els convidats.
– Organitzar qui porta menjar i qui porta begudes.
– Comprar la decoració per a la festa.
– Demanar cadires al veí del 3r 4a.
– Buscar altaveus per connectar-los al mòbil.
– Crear una llista de reproducció amb música per a tota la nit.
– Endreçar i decorar el pis.
– Inventar alguna excusa perquè en Pol no sospiti res.

Creus que falta alguna cosa? Ah, per cert, dues coses més: has comprat els regals? Si no, els puc comprar jo. I ja has parlat amb el papa i la mama per confirmar que aquell cap de setmana no hi seran?

Claudi

De: jghernandez@apunt.cat
A: claudi.gh@apunt.cat
Assumpte: RE: Festa sorpresa!

Claudi! Quina emoció! Quines ganes de festa!

Els regals, ja els he comprat i també he parlat amb els pares. Tindrem la casa per a nosaltres tot el cap de setmana.

Ja he llegit la llista i he començat a fer coses. Jo m'encarrego de la part dels convidats i tu de comprar el que necessitem, d'acord? Em sembla molt bona idea crear el grup de WhatsApp, però encara no ho he fet. El pis, encara no l'he endreçat, però ja ho faré. No pateixis. Ah! Això sí, ja he parlat amb l'Antoni, el veí. Diu que no hi ha cap problema, que té deu cadires plegables. Les podem recollir en qualsevol moment, ell serà a casa cada dia (encara no ho he fet perquè no sé si podré sola... M'ajudaràs?).

Veus quanta feina que he fet? Gairebé ho he fet tot! Anem parlant. Un petó!

J.

G. Torna a llegir el missatge de la Júlia i marca quines coses ha fet i quines no. Fixa't en l'ús del verb **fer** i en el pronom **ho** de les respostes. Saps què substitueixen? Parla'n amb un company.

	JA HO HA FET	ENCARA NO HO HA FET
Ha comprat els regals?	☐	☐
Ha parlat amb els pares?	☐	☐
Ha creat el grup de WhatsApp?	☐	☐
Ha endreçat el pis?	☐	☐
Ha recollit les cadires?	☐	☐

H. Escolta la nota de veu que en Claudi envia a la Júlia. Revisa la llista del correu i digues si creus que van endarrerits en l'organització de la festa. Comenta-ho amb el teu company. (PISTA 56)

> Jo crec que van endarrerits perquè encara no han creat el grup.
>
> És veritat. Encara no ho han fet.

TASCA INTERMÈDIA — Per parelles, creeu una llista de les coses que heu de fer per aprendre català (fer els deures, buscar el significat de paraules noves, escriure textos, escoltar la ràdio, llegir, etc.) i demaneu a una altra parella quines d'aquestes coses ha fet durant la setmana. Decidiu qui és la persona més estudiosa, segons les coses que ha fet.

PUNT 2

Donar un cop de mà

A. Llegeix les paraules i assegura't que n'entens el significat. De totes les paraules, quina és la més representativa d'un casament? Pots afegir-ne alguna? Parla'n amb un company.

EL VESTIT   ELS ANELLS   ELS NUVIS   ELS CONVIDATS

L'ARRÒS   EL PASTÍS   EL DISCURS   EL REGAL

B. L'Annabel i l'Artur es casen. Llegeix els missatges i marca en el quadre en quina conversa algú demana un favor i/o ofereix ajuda. Contrasta el resultat amb el d'un company.

	1	2	3	4	5
demanar un favor	☐	☐	☐	☐	☐
oferir ajuda	☐	☐	☐	☐	☐

1 — Annabel

15:15 pm
Hola! Que el casament és la setmana que ve!!! El fotògraf que hem contractat penjarà fotos a Instagram i a Facebook durant tot el dia, amb una etiqueta especial, però necessita el permís dels convidats. Pots avisar els cosins? Jo no tinc temps.

15:16 pm
Sí, i tant. Vols que parli amb els tiets, també?

15:17 pm
No, no cal. La tieta Maite ja ho va fer.

16:26 pm
Alguns cosins ja han contestat. A en Fran no li fa res, però la Neus prefereix que la seva filla no surti a les fotos perquè no la vol exposar. Ara ha contestat la Vanessa. A ella i als seus germans no els fa res, tampoc.

16:27 pm
Que ràpid, gràcies!

16:28 pm
De res, cosineta! Què, com va la preparació?

16:29 pm
Doncs ara mateix, molt estressada. Els meus dos millors amics s'han quedat sense cotxe i no saben com vindran.

16:30 pm
Al meu cotxe hi ha espai, vols que els portem nosaltres? No ens fa res.

16:31 pm
De debò? Em salves la vida, perquè ells duen els anells!

2 — Annabel

9:56 am
Ei, Àngela! Escolta... Estic preparant un regal sorpresa a l'Artur. Em podries enviar aquella foto on sortim ell i jo a la muntanya? Era el dia que vam anar de cap de setmana amb tu i me'l vas presentar. Te'n recordes? Jo la vaig esborrar. Gràcies!

10:07 am
Ostres, Annabel... No puc, ho sento. Se'm va espatllar l'ordinador i vaig perdre totes les fotos. Quin greu!

3 — Salvador

16:34 pm
Hooola! Estàs nerviosa? Ja queda poquíssim! Us volia demanar una cosa. Us fa res posar-me a la taula de la Glòria? L'altre dia vaig quedar amb ella i va ser molt divertit. Saps que a ella també li encanta l'arqueologia?

17:31 pm
Jo? Nerviosa? Però què dius!? No, no em fa res. De fet, millor, perquè em faltava omplir aquella taula!

UNITAT 9

C. Classifica les frases destacades en els missatges de l'activitat anterior segons la funció del quadre i fixa't en l'estructura. Fes-ho amb un company.

DEMANAR UN FAVOR	OFERIR AJUDA

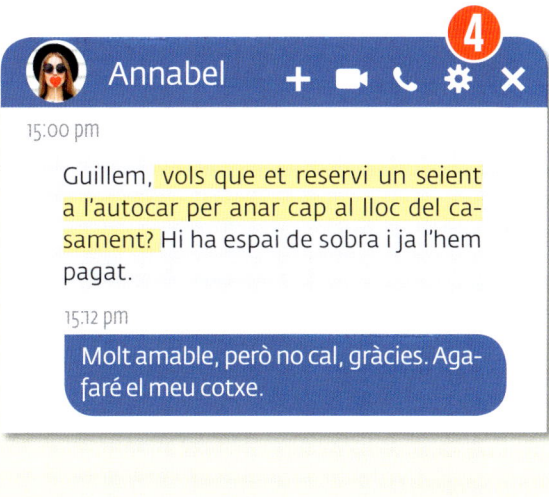

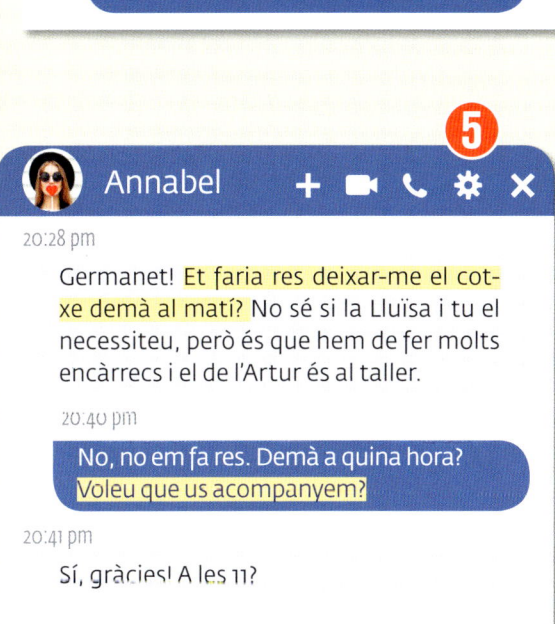

D. Subratlla les formes del present de subjuntiu que apareixen en els missatges de l'activitat **B**. En saps la conjugació? Fes-ho amb un company.

E. Busca en els missatges de l'activitat **B** les respostes que donen els interlocutors quan els demanen un favor o s'ofereixen a fer una cosa i subratlla-les. Pots deduir-ne el funcionament? Parla'n amb un company.

F. (PISTA 57) Escolta els missatges de veu i relaciona'ls amb una de les respostes següents. Després, transforma les respostes positives en negatives i les negatives en positives. Compara-les amb les d'un company.

☐ a. Sí, i tant, jo demà no la necessito! Cap problema.

☐ b. Tu sempre tan enfeinada! No, dona, no em fa res. Després te'l porto a casa.

☐ c. Sí, gràcies. Pots venir a les 11? Si vols, els mirem junts.

☐ d. No, ho sento. Avui no puc. Dissabte a primera hora? I no exageris, que no és tan urgent!

☐ e. Que amable! Però no cal, gràcies. Encara no l'he acabat. Quan l'acabi, t'aviso.

☐ f. Ai, tu i la tecnologia. No, no em fa res. Vols que vingui d'aquí a una estona i l'arreglem?

TASCA INTERMÈDIA Creeu un grup de WhatsApp de tota la classe i feu una cadena de favors: demaneu un favor a un company i oferiu-vos a fer alguna cosa. Després, responeu si podeu fer el que us han demanat i si accepteu o no l'ajut.

PUNT 3

Us fa res si vinc?

A. Quina relació tens o tenies amb els teus avis? Quin paper tenen les persones grans en la societat? Parla'n amb un company.

B. Llegeix l'article següent. Relaciona els fragments destacats amb l'experiència de cada un dels testimonis dels avis.

> El meu avi em venia a buscar a l'escola, quan era petit.

UNS AVIS ENFEINATS

Fins no fa gaires dècades, diferents generacions convivien en una mateixa casa i es compartien moltes responsabilitats familiars, també l'educació dels fills. Anys després, a les cases hi solien viure només pares i fills. Actualment, tot i que els avis no s'estan amb els fills i els nets, tornen a tenir un paper molt rellevant per gestionar la vida familiar del dia a dia, a causa de la crisi econòmica i social, i les incompatibilitats entre els horaris escolars i els laborals [1].

Hi ha avis que poden i volen cuidar els seus nets, alguns que simplement no poden i alguns que senten que no fan prou per ajudar. N'hi ha d'altres que, si no els necessiten, prefereixen no hipotecar del tot el seu temps i decideixen fer altres activitats per gaudir de la jubilació [2]. El cert, però, és que hi ha estudis recents que revelen que més del 50% dels avis es fan càrrec dels seus nets cada dia. Alguns d'ells dediquen als nets l'equivalent a una jornada laboral.

Si els avis es veuen sobrecarregats d'activitats i obligacions, la situació, a la llarga, els pot provocar problemes d'estrès, ansietat, depressió o insomni per excés de responsabilitat [3].

Per evitar el conflicte, cal trobar un equilibri entre les responsabilitats familiars i els drets individuals dels avis, pactar les hores de dedicació i tenir present que la relació ideal entre avis i nets ha d'implicar més aviat la complicitat i no l'autoritat. Si és així, segur que cuidar els nets serà realment positiu. Els avis estaran més actius, participaran en la família, gaudiran d'aquell temps que no han tingut, aportaran la seva experiència, aprendran coses dels nets i estaran al dia de les novetats tecnològiques [4].

TESTIMONIS

☐ **a.** Són dos quarts de cinc de la tarda i la Catalina i el Biel **estan esperant** que la seva neta surti de l'escola. Al matí han portat la nena a l'escola; després, han dinat a casa amb ella i ara li duen el berenar abans d'anar a extraescolars. "Anem una mica estressats i ens agradaria tenir una mica més de temps per a nosaltres, però els nostres fills ens necessiten", diuen.

☐ **b.** La Susanna i el Pere es van jubilar fa un parell d'anys. El seu fill i els nets viuen a Bèlgica i ara ells els van a veure sovint, però també es dediquen a viatjar i **estan coneixent** altres parts del món. **Estan gaudint** d'una segona joventut.

☐ **c.** La Rosa, mestra durant més de trenta anys i jubilada des de fa cinc anys, comenta: "La meva filla i el meu gendre treballen i, com que no hi ha prou diners per pagar llars d'infants o cangurs, els **estic ajudant** una mica els dies de cada dia o quan arriben les vacances de l'escola".

☐ **d.** "Els meus nets em donen vida i em fan estar al dia de la vida moderna. M'entenc de meravella tant amb els petits com amb el més gran, que ara **està vivint** fora", diu somrient, mentre ens ensenya l'últim WhatsApp que li ha enviat el seu net gran: "Àvia, **estic arribant** a casa. Fem una vídeotrucada?".

C. Quins són els avantatges i els inconvenients que es presenten a l'activitat **B** pel que fa al fet que els avis cuidin i s'ocupin dels nets? Comenteu-los entre tots i penseu-ne alguns més.

UNITAT 9

D. Fixa't en els exemples de la perífrasi verbal **estar** + **gerundi** destacats en els testimonis de l'activitat **B** i marca què expressen. Aquesta perífrasi existeix en la teva llengua?

☐ a. El desenvolupament d'una acció en un moment concret.

☐ b. Accions repetides i habituals.

E. Fixa't en les formes dels gerundis destacades en els testimonis de l'activitat **B** i completa el quadre. Saps deduir com es construeix el gerundi? Fes-ho amb un company.

infinitius	gerundis
	-ant
-er / -re	
	-int

F. Llegeix els missatges següents que ha rebut el Francesc, l'avi de la Clara i en Roc. Comenteu amb el company qui creieu que els hi ha enviat. Penseu que és adequat el grau de familiaritat i de formalitat dels missatges?

1 — 12:15 pm

Ei! Soc un desastre. M'he deixat la carmanyola del dinar a casa. Us fa res si vinc a dinar a casa vostra quan surti de classe, avui? Tinc ganes de menjar els macarrons de l'àvia!

2 — 13:00 pm

Cesc, et fa res que deixem la partida de cartes per a la setmana que ve? Tinc molta feina i no arribaré a temps. Ho sento, noi!

3 — 14:00 pm

Puc demanar-te un favor? Ves a buscar la Clara a l'escola. He d'acabar una feina i em sembla que no hi arribaré a temps.

G. Fixa't en les expressions per demanar permís destacades als missatges de l'activitat **F** i escriu-les al quadre segons l'estructura corresponent. Després, completa el quadre amb la resta d'estructures.

poder + infinitiu	...fa res si + present d'indicatiu	...fa res que + present de subjuntiu
Puc venir a dinar a casa?	Us fa res si vinc a dinar a casa?	Us fa res que vingui a dinar a casa?

H. Escolta els àudios següents. Amb quina de les frases els relaciones? Marca-ho amb una creu. Després, torna a escoltar-los i digues a quin dels missatges que ha rebut el Francesc de l'activitat **F** respon cada fragment.

PISTA 58

	1	2	3	MISSATGE
Estava comprant el diari.	☐	☐	☐	
Quan m'has escrit, estava pensant que et volia escriure.	☐	☐	☐	
Ara estic fent gestions pel barri.	☐	☐	☐	

TASCA INTERMÈDIA Grava un missatge de veu per a un company per demanar-li permís per fer alguna cosa. Respon el missatge que rebis. Explica que estàs ocupat i digues què estàs fent en aquell moment per justificar la teva resposta.

cent trenta-nou [139]

PUNT SOCIOCULTURAL

ALLÀ ON VAS, FES COM VEURÀS

Era el meu primer dia de feina i va ser molt curiós veure la cara dels meus companys quan vaig guardar la capseta embolicada que em van donar com a regal de benvinguda. "Per què no has obert el regal, Hikari?", em va preguntar la meva companya de despatx, després. Li vaig explicar que era per educació: en contextos formals, al Japó agraïm els regals que rebem, però no els obrim immediatament per no provocar una situació incòmoda si el regal no ens agrada.

Hikari, Tòquio

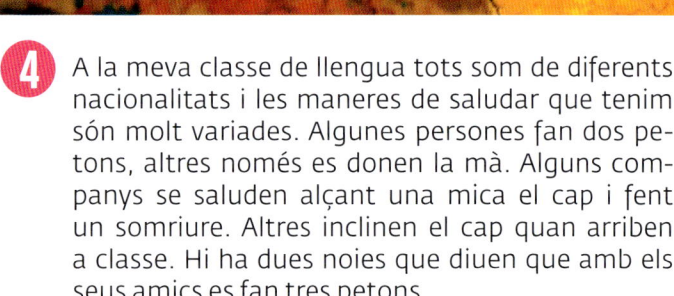

Ho vaig veure fer a la meva amiga turca Günes i ara jo també ho faig: quan arribo a casa sempre em descalço i guardo les sabates en un armariet que he instal·lat a l'entrada. Trobo que, tot i que jo no tinc catifes tan boniques com les de casa de la Günes, també està bé no embrutar el terra de fusta amb les sabates del carrer. La casa es manté molt més neta, jo em sento molt més còmoda i els meus convidats, també. A ells també els faig treure les sabates!

Stefania, Palerm

A la meva classe de llengua tots som de diferents nacionalitats i les maneres de saludar que tenim són molt variades. Algunes persones fan dos petons, altres només es donen la mà. Alguns companys se saluden alçant una mica el cap i fent un somriure. Altres inclinen el cap quan arriben a classe. Hi ha dues noies que diuen que amb els seus amics es fan tres petons.

Philippe, París

UNITAT 9

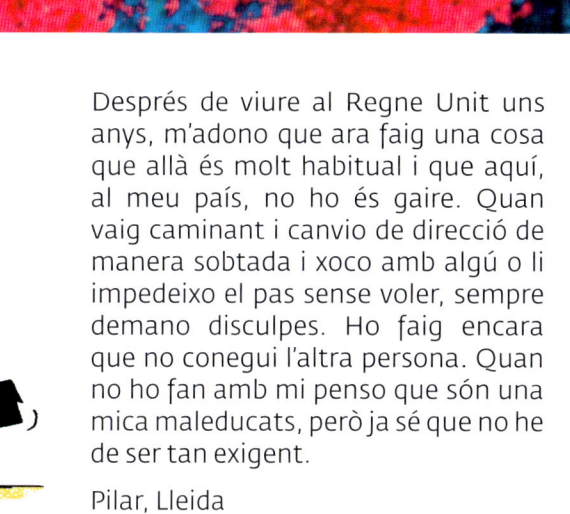

Després de viure al Regne Unit uns anys, m'adono que ara faig una cosa que allà és molt habitual i que aquí, al meu país, no ho és gaire. Quan vaig caminant i canvio de direcció de manera sobtada i xoco amb algú o li impedeixo el pas sense voler, sempre demano disculpes. Ho faig encara que no conegui l'altra persona. Quan no ho fan amb mi penso que són una mica maleducats, però ja sé que no he de ser tan exigent.

Pilar, Lleida

5

Aquest any estic vivint a Girona. Al meu pis som quatre estudiants de diversos llocs: la Fouzia, del Marroc; l'Ólafur, d'Islàndia; la Harshita, de l'Índia, i jo, que soc de Màlaga. L'altre dia vam riure amb tots ells perquè em van dir que hi havia una cosa que feia quan venien visites al pis per primera vegada que els semblava molt estranya: ensenyar-los totes les habitacions i espais de la casa. Em van preguntar, rient: "per què ensenyes els dormitoris, si només han vingut a sopar?"

Juan, Màlaga

A. Llegeix els textos i comenta amb quin o quins dels temes següents creus que es relacionen.

- HIGIENE
- EDUCACIÓ
- RUTINA
- FORMALITAT

B. T'has trobat amb altres situacions o contextos en què hagis observat diferències culturals? Has incorporat costums d'altres cultures a la teva vida? Parla'n amb un company.

C. (PISTA 59) Llegeix les frases següents sobre els significats dels colors segons les cultures i digues si creus que són veritables o falses. Després, escolta l'àudio i comprova les teves respostes.

	V	F
1. El groc és una mostra de covardia al Japó i a França.	☐	☐
2. El blanc és el color del dol a l'Índia.	☐	☐
3. El color lila és el color de l'alegria al Brasil.	☐	☐
4. A la Xina les dones es casen vestides de color blau.	☐	☐
5. Al Marroc el verd significa vida de la natura i de les persones.	☐	☐

D. Tria un color i busca informació sobre el significat que té en la teva cultura i en cultures diferents de la teva. Escriu un text explicatiu amb la informació que recullis.

cent quaranta-u [141]

PUNT DE SUPORT

GRAMÀTICA

Verb **fer**

Si volem referir-nos a la realització d'una acció que ha estat dita anteriorment, podem utilitzar el verb que expressa l'acció, o bé el verb **fer**.
Quan utilitzem els verbs que expressen l'acció, si els complements són en forma de pronoms, els pronoms són els que representen el seu complement; però si utilitzem el verb **fer**, el pronom que representa l'acció és **ho**.

*Has **avisat els pares**?*
*Sí, ja **els** he **avisat**. / Sí, ja **ho** he **fet**.*

Demanar favors i respondre-hi

poder (en present d'indicatiu o condicional)		+ infinitiu	Sí, i tant. No, no puc.
et	fa / faria res		No, no em fa res. No puc, ho sento.
li			
us			
els			

La resposta positiva a l'estructura **et fa res...?** s'expressa amb una frase negativa. Això és perquè aquesta pregunta per demanar un favor demana literalment si alguna cosa és una molèstia. Així, si volem dir que podem fer aquell favor, responem amb **no, no em fa res**.

Pots venir a casa?
Sí, i tant.

Et fa res deixar-me el cotxe?
No, no em fa res.
Gràcies.

Oferir ajuda i respondre-hi

voler (en present d'indicatiu)	+ que	frase en present de subjuntiu	Sí, gràcies! No cal, gràcies.

Vols que t'ajudi?
Sí, gràcies. / No, no cal.

Demanar permís

poder (en present d'indicatiu o condicional)		+ infinitiu	
et	fa res	que + present de subjuntiu	
li			
us		si + present d'indicatiu	
els			

Puc passar?
Sí, sí, i tant.

Li fa res que passi?
No, no em fa res. Passi, passi.

Et fa res si passo?
Sí, ho sento, ara no pot ser.

Perífrasi **estar** + gerundi

Usem la perífrasi **estar** + gerundi per parlar d'una acció que es produeix en un moment concret. Observem l'acció un cop ja ha començat, però abans que s'acabi.

*Què **estàs fent**? **Estic escrivint** una invitació per a la festa.*

*Quan m'has trucat **estava comprant** al supermercat.*

Present de subjuntiu

venir
vingui
vinguis
vingui
vinguem
vingueu
vinguin

Formació del gerundi

Els verbs de la primera conjugació fan el gerundi acabat en **-ant** (*ajudar - ajudant*), els de la segona conjugació en **-ent** (*conèixer - coneixent*) i els de la tercera conjugació en **-int** (*dormir - dormint*).

UNITAT 9

LÈXIC

1. Completa el mapa conceptual.

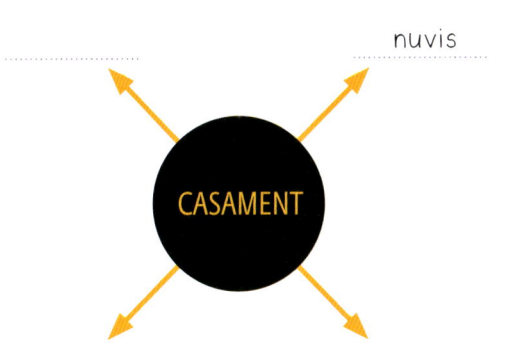

nuvis

CASAMENT

2. Completa els verbs següents com a l'exemple.

- **OFERIR** ajuda,
- **FER**
- **DEMANAR**
- **PREPARAR**

FONÈTICA I ORTOGRAFIA

PISTA 60

1. En català hi ha dos tipus de e tònica: l'oberta [ɛ] (c**e**l) i la tancada [e] (t**e**mps). Escolta i repeteix les següents paraules. Fixa't en la pronunciació de la e destacada i digues si és oberta o tancada.

		[ɛ]	[e]
1	cel	X	
2	temps		X
3	faré		
4	t'esperem		
5	festa		
6	mestra		
7	saber		
8	gener		
9	carrer		
10	crec		

PISTA 61

2. Escolta i repeteix les següents frases i indica si la e destacada és oberta o tancada.

1. El casam**e**nt va s**e**r a l'ajuntam**e**nt del s**e**u poble.
   [e] ....
2. Div**e**ndres faig s**e**t anys!
   ....
3. Estic molt cont**e**nta de celebrar aqu**e**st dia tan especial amb **e**ll.
   ....
4. Qu**è** fas el dia tr**e**nta-u? En P**e**re i jo ens trob**e**m amb uns amics.
   ....
5. Fa dies que no ens vei**e**m! I si qued**e**m per f**e**r un caf**è**?
   ....
6. **É**s veritat! Va, molt b**é**! Qued**e**m dim**e**cres?
   ....

PISTA 62

3. Quan la e (i la a) és àtona, no es pronuncia ni oberta ni tancada, sinó com a vocal neutra: [ə]. Escolta les següents frases, fixa't en les e àtones destacades i repeteix les frases en veu alta.

1. **E**ns qu**e**darem sens**e** air**e** als pulmons!
2. **E**stem molt content**e**s de compartir aquest dia tan **e**special amb tu.
3. I aquesta olor? Crec qu**e** s'ha cr**e**mat la pizza d**e**l meu company d**e** pis.
4. La festa ha **e**stat g**e**nial, p**e**rò estic tan cansada... quina mandra, r**e**ntar plats.

cent quaranta-tres [143]

PUNT D'ARRIBADA

TASQUES

TASCA COL·LECTIVA

A. En grups, penseu un acte per celebrar que s'està acabant el curs. Decidiu si voleu organitzar una festa, un sopar, un dinar, etc.

B. Escriviu la llista de totes les tasques que s'han de tenir en compte per organitzar l'acte.

C. Presenteu la vostra proposta als altres grups i, entre tots, voteu la que més us agradi.

D. Repartiu-vos les tasques per organitzar la celebració.

Fem balanç

1. Ara sé…

	♥	☺	☹
Explicar si s'han fet o no els encàrrecs per organitzar una festa.			
Demanar favors, oferir ajuda i demanar permís, i respondre-hi.			
Triar les paraules i les estructures lingüístiques adequades segons la situació i el context.			

2. Comentaris sobre la tasca.

UNITAT 9

TASCA INDIVIDUAL

A. Escull una festa, un ritual o un esdeveniment que se celebrin de maneres diferents segons els països.

B. Busca informació sobre què es fa durant aquesta festa, com s'organitza, qui hi assisteix, per què és important, etc. en els diversos llocs on se celebra.

C. Elabora un pòster sobre les diferents maneres de celebrar la festa que has triat i presenta'l als teus companys. Quina és la celebració més original?

3. Avalua la tasca dels teus companys i comenta'ls la teva valoració.

La presentació és completa.	♥	☺	☹
Utilitza continguts de la unitat.	♥	☺	☹
El lèxic és adequat.	♥	☺	☹

paisatges
AIGUA

UN PASSEIG PER LA GEOGRAFIA DELS PAÏSOS CATALANS

PAISATGES

1. Busca al diccionari les paraules següents. Saps com es diuen en la teva llengua?

UN AIGUAMOLL

UNA ALBUFERA

UNA BADIA / UN GOLF

UN BOSC

UNA CALA

UN CALÓ

UN CAP

UNA COSTA

UNA COVA

UN ESTANY / UN LLAC

UNA ILLA

UNA MUNTANYA

UNA PLATJA

UN RIU

UNA SERRA / UNA SERRALADA

UNA VALL

UN VOLCÀ

MUNTANYES

El Canigó

El territori que abraça els Països Catalans és rocós i muntanyós. S'estén des de la Catalunya del Nord i Andorra fins a Alacant, i de les illes Balears a la Franja de Ponent, en cinc grans conjunts muntanyosos.

El Canigó (2.784 m), situat a la Catalunya del Nord, és el símbol del naixement de la nació i de la llengua catalanes, molt abans que la Catalunya del Nord passés a territori francès, a mitjan segle xvii. Ha inspirat moltes llegendes, cançons populars i obres literàries, entre les quals el poema èpic *Canigó*, escrit pel poeta Jacint Verdaguer (segle xix), on es descriu la geografia dels Pirineus catalans.

PAISATGES

Montserrat

Montserrat (1.236 m) és un massís muntanyós dintre de la serralada Prelitoral Catalana. El seu tret més característic i espectacular són uns pics arrodonits, anomenats "agulles". Per la forma de la muntanya, dins d'una zona declarada Parc Natural, i per la tradició, s'ha convertit en un dels llocs més visitats de Catalunya. Al peu de la muntanya hi ha el monestir, dedicat a "la Moreneta", una marededeu en talla romànica de fusta del segle XII. Al monestir hi ha una riquíssima vida cultural i d'ell en depèn l'editorial en actiu més antiga d'Europa, que publica, d'entre d'altres, el llibre que tens a les mans.

1. Prepara un guió amb les característiques d'alguna de les muntanyes del teu país o d'un altre país que coneguis. Situa-la en un mapa, ensenya'n fotografies i explica als teus companys els motius pels quals és interessant conèixer-la.

2. En grup, feu un blog amb muntanyes dels Països Catalans. Poseu-hi imatges, ubiqueu-les, expliqueu-ne les característiques físiques i alguns motius particulars que les diferenciïn de les altres.

ESTANYS I LLACS

Estany de Banyoles

Estany o llac, aquest és el dilema! L'estany de Banyoles, a les comarques gironines, és el primer llac natural més gran de Catalunya, amb una superfície de 111,7 hm². S'hi van celebrar les competicions de rem en els Jocs Olímpics de Barcelona de 1992. Està poblat de peixos grossos i amb unes habilitats estranyes, com saber beure en un porró. Com la majoria d'estanys i llacs, amaga una llegenda curiosa. Al fons del llac hi vivia un drac que cada nit es menjava una persona del poble. Un dia, un monjo que passava per allà va anar a parlar amb el drac i al cap de poca estona van tornar junts passejant pel poble. "Què has fet?", li van preguntar. "L'he convertit en vegetarià!"

PAISATGES

Estany de Sant Maurici

A la Vall de Boí, al cor del Pirineu axial, hi conviuen un espai d'alta muntanya, el Parc Nacional d'Aigüestortes i Estany de Sant Maurici (l'únic Parc Nacional de Catalunya), i un espai cultural, el conjunt d'esglésies romàniques Patrimoni Mundial de la UNESCO. Dins del Parc s'hi poden trobar cims de més de tres mil metres d'altura, rius, cascades, més de 200 estanys… en un espai natural protegit, únic del sud d'Europa. L'estany de Sant Maurici, el més impressionant del Parc, és a 1.910 m d'altitud, té uns 1.100 m de llarg, 200 m d'ample i conté un volum d'aigua d'uns 2,6 hm³. Està situat davant de la majestuosa muntanya dels Encantats i al fons d'una vall d'origen glacial.

1. En dos grups. Cada grup mostra fotografies de tres llacs importants del món i en dona tres pistes. L'altre grup ha d'investigar per endevinar de quins llacs es tracta, on són i quines característiques tenen.

2. Coneixes llegendes de llacs? Explica als companys de quin llac es tracta, on és i explica'n la llegenda.

VOLCANS I BOSCOS

El Parc Natural de la Zona Volcànica de la Garrotxa

A la comarca gironina de la Garrotxa, hi ha el Parc Natural de la Zona Volcànica de la Garrotxa, una de les regions volcàniques més importants de l'Europa continental. És un espai protegit de 15.000 hectàrees, on es poden veure una gran quantitat de volcans, actualment apagats. Els més coneguts són el de Santa Margarida, amb una ermita romànica al fons del cràter; el Croscat, el més gran en dimensions i també el més jove de la península Ibèrica; el Montsacopa, al mig del nucli urbà d'Olot i al cim del qual s'arriba seguint un carrer del poble.

La lava que van deixar els volcans va afavorir un terreny favorable a una gran vegetació de boscos de roures, d'alzines i de faigs. El bosc més conegut dins del parc natural és la Fageda d'en Jordà, un bosc de faigs rodejat de gran part dels volcans de la comarca, situat a la banda sud-oest del volcà de Santa Margarida. La Fageda ha estat font d'inspiració de poetes (*La fageda d'en Jordà*, de Joan Maragall); de pintors, com Joaquim Vayreda, i d'escultors, com Josep Clarà. I no és gens estrany: visiteu-la a la primavera, quan té el verd més brillant, o a la tardor, entre vermells i ocres, amb la caiguda suau de les fulles, voleiant.

PAISATGES

1. Coneixes alguna zona volcànica? Has visitat mai algun volcà? Coneixes volcans mítics com el Vesuvi, l'Stromboli...? Has vist alguna pel·lícula sobre volcans? Explica-ho als teus companys.

2. En grups. Prepareu una sortida d'un dia o d'un cap de setmana per visitar la Zona Volcànica de la Garrotxa. Informeu-vos de mitjans de transport, d'allotjaments, de llocs on menjar, de plats típics de la zona, de rutes a seguir, de passejades amb carros, amb bicicletes, de vols amb globus... Passeu-vos la informació i decidiu quina és la millor la proposta.

ILLES

L'illa Grossa

L'arxipèlag de les illes Columbretes és una reserva natural del País Valencià. Totes les illes tenen origen volcànic i s'hi pot veure una gran quantitat de cràters i xemeneies de volcans. L'illa més gran, l'illa Grossa, té forma de mitja lluna, fet característic de l'activitat volcànica submarina. A la muntanya més alta, de 67 m, hi ha un far construït entre 1856 i 1860. Llavors, els únics pobladors de l'illa, els faroners, vivien gràcies a la gran riquesa del fons marí. Actualment no hi viu ningú. El 1994 les Columbretes van ser qualificades de reserva natural per la Generalitat Valenciana.

PAISATGES

Eivissa

Les illes Balears són un arxipèlag format per dos grups: les que d'antic es deien Balears (Mallorca, Menorca, Cabrera i les illetes dels voltants) i les Pitiüses (Eivissa i Formentera, rodejades d'altres illetes properes). L'illa d'Eivissa és la més gran de les Pitiüses i la més occidental de l'arxipèlag balear. Té 210 km de costa, entre penya-segats i cales de sorra. Té cinc municipis, entre els quals Eivissa, que n'és la capital. La població es reparteix entre la ciutat baixa (els barris mariners) i Dalt Vila (la part alta), que és el nucli antic. Està rodejada d'una muralla renaixentista, el monument més important de l'illa. Eivissa és una vila oberta al mar, cosmopolita, multicultural i avantguardista, gràcies a la barreja de persones que hi han passat, sobretot al moviment hippy, instal·lat a l'illa cap als anys 60 del segle passat. Un consell: si visiteu Eivissa, vestiu-vos de color blanc, ja veureu que no hi desentonareu.

1. Coneixes alguna illa de les Balears? Quina? Què en recordes? Has visitat mai una illa que t'hagi agradat molt? On és? Com és? Comenta-ho amb el teu company.

2. En grup. Busqueu informació sobre illes petites, poc conegudes, però amb alguna característica que les faci especials. Trieu la proposta més atractiva, elaboreu-ne un fullet publicitari i feu-lo arribar a la resta de grups. Voteu el millor projecte.

COVES

La cova de Neptú

La cova de Neptú, a 24 km de l'Alguer (Sardenya), va ser descoberta per un pescador al segle XVIII. Situada sota el cap de la Caça, on hi ha una estació meteorològica i un far, s'hi accedeix per una escala de 654 graons! La gruta té 4 km de longitud i és un espectacle d'estalactites i d'estalagmites, talment com els cristalls d'un calidoscopi. Completa l'espectacle el llac Lamarmora, d'aigua salada, el segon llac interior més gran d'Europa. La cova de Neptú és una caverna en una roca abrupta, perduda al mig del Mediterrani. No és estrany que hagi estat inspiració de contes d'aventurers, de pirates i de fades.

La cova Meravelles

Benifallet és un municipi de la comarca tarragonina del Baix Ebre. El seu atractiu principal són les coves. Entre 1967 i 1968, el Grup d'Espeleologia de Gràcia (Barcelona) va descobrir sis cavitats subterrànies, entre les quals la cova Meravelles, la que té més recorregut visitable. Se'n poden veure tres sales: la dels Llapis, amb estalactites primetes al sostre i una estalagmita central en forma d'espelma; la de l'amfiteatre, on es veuen unes formes circulars semblants a les grades d'un amfiteatre, i la de la música, on les estalactites semblen tubs d'un orgue, que sonen quan es toquen. En sortir de la cova, tens la sensació d'haver estat en un escenari fantàstic, que desafia les lleis de la gravetat i de la raó.

1. **Has estat mai en una cova? On és i com és? Saps què són les estalactites i les estalagmites? De quins materials estan fetes?** Comenta-ho amb el teu company.

2. **En grup.** Busqueu informació sobre coves dels Països Catalans. Elaboreu-ne un reportatge en vídeo i projecteu-lo a la classe.

GOLFS I BADIES

Badia de Roses

Les costes retallades del perímetre litoral i illenc dels Països Catalans originen una gran quantitat d'entrants del mar, terra endins: els golfs i les badies.

La badia de Roses, a la comarca gironina de l'Alt Empordà, s'estén entre Roses i l'Escala, enclavaments marítims clau dels imperis grec i romà. Des del 2012, pertany al Club de les Badies més Belles del Món, distinció avalada per la UNESCO. S'hi poden contemplar des de grans penya-segats fins a platges i cales d'aigües tranquil·les, i també canals navegables. Segons l'escriptor Josep Pla, des del far de Roses es poden veure les postes de sol més precioses i inoblidables del país. Val la pena, també, visitar el castell i passejar pel camí de ronda.

PAISATGES

Badia de Palma

La badia de Palma, al sud de l'illa de Mallorca, té una superfície aproximada de 26.000 ha. A la part oest, rocosa i no gaire alta, hi ha cales i platges petites. Al fons, la costa és baixa i sorrosa, amb arenals ran de mar i prats, terra endins. A l'est, els penya-segats arriben a tenir més de 100 m d'alçada. Al voltant de la badia s'hi concentra la majoria de població de l'illa, que ha patit una gran massificació. Malgrat això, encara s'hi poden trobar indrets força despoblats i bellíssims, que la fan una de les badies més boniques del món. Potser per això el cantant Raimon en va fer la cançó *Finestra a la Badia de Palma*.

1. T'agrada el mar? Coneixes la badia de Roses, la de Palma o alguna altra dels Països Catalans? Has vist mai una posta de sol al mar o des d'un far? Explica al teu company la sensació que et va produir.

2. En grup. Busqueu tres golfs o badies dels Països Catalans. Mostreu-ne les imatges a la resta de la classe i expliqueu on són, com són i què tenen de particular.

CAPS I FARS

Cap de Creus

El cap de Creus, al nord de la Costa Brava, al final d'una petita península, és el punt més oriental de la península Ibèrica. Forma part del Parc Natural del Cap de Creus, de 13.886 ha. Té una costa abrupta, amb cales amagades i penya-segats de gran altura. Sobre l'última roca s'hi aixeca el far, edificat sobre una torre d'origen romà. Però va ser en un altre far, edificat expressament molt a prop, on es va filmar la pel·lícula *The Light at the Edge of the World*, que havia de representar el Faro del Fin del Mundo d'Argentina. I relacionat amb les arts, hem de citar la roca de l'illa de Culleró, on sembla que el pintor Salvador Dalí es va inspirar per crear *El gran masturbador*.

1. T'agraden els fars? N'has visitat mai cap? Saps per a què serveixen? Parla'n amb el teu company.

2. En grup. Busqueu informació sobre el cap de Creus i la relació que hi tenia el pintor Salvador Dalí. Busqueu quadres de Dalí i presenteu-los a la resta de la classe. Trieu el que us agradi més a tots i feu-ne una fotografia per penjar-la a la classe.

PAISATGES

Cap de Formentor

El cap de Formentor és al nord de l'illa de Mallorca, al municipi de Pollença, on hi ha una de les platges naturals més grans de l'illa. És una zona ventosa, on es troben els vents de llevant i de ponent, per la qual cosa s'anomena *Punt de trobada dels vents*. Té una gran importància per la navegació entre Mallorca i Menorca, motiu pel qual l'any 1863 s'hi va construir un far, a uns 200 m sobre el nivell del mar, amb una torre de 56 m, que serveix de guia a mariners i navegants. Miquel Costa i Llobera va plasmar la bellesa de Formentor en el poema *El pi de Formentor*.

ALBUFERES I AIGUAMOLLS

Albufera de València

L'albufera de València es va formar, ja en l'època dels romans, amb els sediments dels rius Xúquer i Túria, prop de la ciutat de València. És un gran llac d'aigua dolça, separat del mar per una franja sorrenca. Aquest llac, poc profund, s'aprofita per cultivar un arròs de gran qualitat (no oblideu de menjar-hi una paella!). Aquest cultiu ha provocat que el llac empetitís considerablement; tot i això, és el llac litoral més gran de la Península. El 1986, el govern valencià el va declarar Parc Natural. Una característica de l'albufera és la gran bellesa que presenta la zona de les dunes, de sorra rosada.

PAISATGES

Aiguamolls de l'Empordà

Els aiguamolls de l'Empordà, els més importants després dels del delta de l'Ebre, són unes zones inundades permanentment d'aigua, en una franja litoral. Es van generar pels sediments dels rius Muga i Fluvià, a l'Alt Empordà (zona declarada Parc Natural) i pel Ter i el Daró, al Baix Empordà (zona protegida pel Pla d'espais d'interès natural). Té unes 5.000 ha formades per dunes, llacunes salades i dolces, prats inundats i zones de cultiu, on es conrea arròs, sobretot a la zona de Pals. Un dels grans atractius del Parc és la zona de refugi i descans de més de tres-centes espècies protegides, sobretot d'aus, com cigonyes, ànecs collverds o bernats pescaires. No deixeu de visitar-la!

1. Has visitat aquests llocs? Has vist altres albuferes o aiguamolls? Què és el que trobes més sorprenent? Comenta-ho amb el teu company.

2. Dividiu la classe en dos grups. Cada grup busca informació sobre un dels dos llocs i prepara una visita a la zona: característiques, mitjans de transport per arribar-hi, llocs per visitar, llocs on menjar... Voteu un dels dos llocs i prepareu-vos per anar-hi.

RIUS I DELTES

L'Ebre

La xarxa de rius dels Països Catalans no destaca per la seva magnitud. El riu més important és l'Ebre, que no és gaire llarg, però en canvi és el segon riu més cabalós de la península Ibèrica. Neix a Cantàbria, travessa una gran part de comarques catalanes i va a desembocar al Mediterrani. Els pobles dels voltants de l'Ebre tenen una gran relació amb el riu.

Durant la Guerra Civil Espanyola (1936-1939), a Corbera d'Ebre es va lliurar una de les batalles més devastadores contra les tropes franquistes, i el poble va quedar destruït. Els seus habitants van construir i habitar una altra Corbera. El Poble Vell es va deixar intacte. És molt recomanable visitar-lo i baixar, després, a l'altra Corbera, a fer un tast de vins de la denominació Terra Alta.

1. Has passat mai pel riu Ebre? A quin lloc? Quin riu coneixes que t'agradi? Per on passa? Què té d'especial? Comenta-ho amb el teu company.

2. En grups. Busqueu informació sobre el delta del riu Llobregat o d'algun altre delta de fora dels Països Catalans. Feu una presentació a classe de la informació que heu trobat i il·lustreu-la amb fotografies, mapes, textos...

PAISATGES

El delta de l'Ebre

El delta de l'Ebre és una zona triangular a la desembocadura del riu, en què s'han anat acumulant sediments durant milers d'anys. Té una superfície d'uns 500 km² i és la zona humida més gran de Catalunya. Les platges sorrenques del Delta han originat el paisatge de dunes més extens de Catalunya, amb una importància d'abast internacional. També hi ha llacunes d'aigua dolça, on es cultiva l'arròs. Forma part del Parc Natural del Delta de l'Ebre, declarat el 1983 per la Generalitat de Catalunya. Una curiositat: el grup de rock irlandès U2 va enregistrar-hi un videoclip amb el tema *Vertigo*, per promoure el disc *How to Dismantle an Atomic Bomb*.

COSTES

El mar Mediterrani banya totes les costes dels Països Catalans, tant a la part peninsular com a la illenca.

Pel que fa a la part peninsular, les costes tenen denominació específica. A la Catalunya del Nord: Costa Vermella, d'Argelers a Portbou. A Catalunya: Costa Brava, del cap de Creus a Blanes; Costa del Maresme, de Blanes al Garraf; Costa de les Penyes, del Garraf a Cubelles; Costa Daurada, de Cubelles a la desembocadura del Sénia. Al País Valencià: Costa dels Tarongers, de la desembocadura del Sénia al cap de la Nau; Costa Blanca, des del cap de la Nau fins al Pilar de la Foradada. A les costes altes, al nord de Catalunya i al Garraf, hi ha grans penya-segats, platges de pedres o de sorra gruixuda i cales més aviat

PAISATGES

petites. A les costes baixes, les platges són més llargues, menys profundes i de sorra fina.

La part insular té un litoral de més de 1.400 km. Les costes són molt variades: n'hi ha d'abruptes, on les muntanyes cauen al mar, i de llargues i planes, on el mar banya les platges. Una curiositat: si vols veure una magnífica posta de sol al lloc més oriental dels Països Catalans, ves a Menorca, a la costa sud-est, al Castell (tocant a Maó).

1. Coneixes alguna de les costes del text? Saps on és i com és? Al teu país hi ha costes? Com són? Coneixes alguna costa que t'hagi impressionat? Comenta-ho amb el teu company.

2. En grups. Repartiu-vos les costes dels Països Catalans peninsulars. Busqueu-ne informació: situació en un mapa, característiques, poblacions, platges... Després, feu un gran mapa amb tota la informació.

PLATGES I CALES

Cala Pregonda

La cala Pregonda és a la costa nord de Menorca. És una cala gairebé verge, on només es pot accedir caminant 2 km. Hi ha una zona de dunes i un pinar per protegir-se del sol. La sorra és daurada i gruixuda, en una part, i vermella en la zona d'argiles, on els banyistes fan banys de fang. El fons marí, d'aigües cristal·lines i tranquil·les, és ric a poca profunditat i permet practicar immersió lleugera. Una curiositat: Mike Oldfield (músic de rock progressiu, famós per la seva obra *Tubular Bells*) va posar la foto d'aquesta platja a la portada del seu disc *Incantations*.

PAISATGES

Es Trenc

Es Trenc és una platja al sud-oest de Mallorca. És un gran arenal verge, amb una zona de dunes. L'única construcció que s'hi pot veure són els búnquers construïts a la Segona Guerra Mundial, que no es van fer servir mai. Amb més de 2 km de sorra blanca i d'aigües transparents d'un to turquesa, poc profundes, està envoltada de pins i salines. A les salines, de més de dos mil anys d'història, s'hi poden veure estanys i muntanyes de sal, d'on surt la flor de la sal, de grans propietats. Aneu a Es Trenc, no té res a envejar a cap platja del Carib i fins i tot s'hi pot practicar surf!

1. Quines platges o cales coneixes dels Països Catalans o d'un altre lloc? En tens alguna de preferida? Per què? On és i quines característiques té? Comenta-ho amb el teu company.

2. En dos grups. Organitzeu un concurs. Cada grup fa una llista amb 10 platges o cales dels Països Catalans o d'altres llocs. L'altre grup ha d'endevinar on són.

VALLS

La Vall d'Aran

La Vall d'Aran és una vall del Pirineu que fa frontera amb França i Aragó. És una vall excepcional per diversos motius, però sobretot per la quantitat de boscos, l'arquitectura i l'idioma: l'aranès (varietat de l'occità, llengua pròpia i un dels tres idiomes oficials de Catalunya). De l'Alt Aran cal destacar: Viella, la capital; Baqueira, paradís d'esquiadors; Salardú, capital de l'Alt Aran i refugi dels primers pelegrins, i la vall de Montgarri, amb el Pla de Beret, punt d'entrada a la vall i antic santuari de bruixes i bruixots. I del Baix Aran, Vilamòs, amb boscos espectaculars; Bossòst, envoltat d'ermites, i Les, d'antiga tradició termal. I amb tot, per gaudir de la bellesa d'aquesta vall, cal visitar-la.

PAISATGES

La Vall de Boí

La Vall de Boí, a les comarques lleidatanes, és un municipi format per vuit nuclis urbans petits, conservats gràcies a les riqueses naturals i culturals. Entre les naturals, destaquem el fet que sigui dins del Parc Nacional d'Aigüestortes, que tingui aigües termals (el balneari de Caldes de Boí) i que disposi d'una immensa estació d'esquí (Boí Taüll). El conjunt de vuit esglésies romàniques (segles XI-XII), declarades Patrimoni de la Humanitat per la UNESCO, en són la gran riquesa cultural. Aquestes esglésies són construccions de pedra amb un esvelt campanar. Si l'exterior és sorprenent, visiteu-ne les pintures de l'interior, una de les joies del romànic català. Actualment, la majoria de les pintures originals són al Museu Nacional d'Art de Catalunya (MNAC), a Barcelona.

1. Has estat a la Vall d'Aran? On? T'agrada passejar per boscos o esquiar o fer activitats de muntanya? On has fet alguna d'aquestes activitats? Comenta-ho amb el teu company.

2. En grups. Busqueu informació sobre les esglésies romàniques de la Vall de Boí i sobre les pintures murals que hi ha o que hi havia. Prepareu un vídeo amb una mostra de l'art romànic que hi ha als Països Catalans i projecteu-lo a la classe.

resum gramatical

APUNT

A PUNT

adjectius: gènere i nombre

singular		plural	
masculí	femení	masculí	femení
	-a	**-s**	**-es**
sincer	sincera	sincers	sinceres
-c	**-ca / -ga**	**-s**	**-ques / -gues**
simpàtic	simpàtica	simpàtics	simpàtiques
noruec	noruega	noruecs	noruegues
-t	**-ta / -da**	**-s**	**-tes / -des**
obert	oberta	oberts	obertes
divertit	divertida	divertits	divertides
-à, -è, -í, -ó, -ú	**-ana, -ena, -ina, -ona, -una**	**-ans, -ens, -ins, -ons, -uns**	**-anes, -enes, -ines, -ones, -unes**
català	catalana	catalans	catalanes
setè	setena	setens	setenes
argentí	argentina	argentins	argentines
rodó	rodona	rodons	rodones
comú	comuna	comuns	comunes
-u	**-va**	**-us**	**-ves**
actiu	activa	actius	actives
vocal accentuada +s	**-esa / -osa**	**-esos / -osos**	**-eses / -oses**
compromès	compromesa	compromesos	compromeses
seriós	seriosa	seriosos	serioses
-s	**-a / -sa**	**-os / -sos**	**-es / -ses**
gris	grisa	grisos	grises
ros	rossa	rossos	rosses
-sc	**-a**	**-os**	**-ques**
fresc	fresca	frescos	fresques
-ig	**-tja / -ja**	**-tjos / -jos**	**-tges / -ges**
lleig	lletja	lletjos	lletges
boig	boja	bojos	boges
-i, -u àtones	vocal anterior accentuada + **-ia / -ua**	**-s**	vocal anterior accentuada + **-ies / -ues**
espontani	espontània	espontanis	espontànies
ingenu	ingènua	ingenus	ingènues
tranquil, tranquil·la, tranquils, tranquil·les; baix, baixa, baixos, baixes; dolç, dolça, dolços, dolces.			

RESUM GRAMATICAL

▸ Els adjectius qualificatius solen acompanyar els substantius, per indicar-ne les característiques. Hi concorden en gènere i nombre. Si l'adjectiu fa referència a dos o més substantius, de gènere diferent, va en masculí plural i es recomana que el substantiu masculí sigui el més proper a l'adjectiu.

*En Joan és **simpàtic**.*
*La Marta i en Joan són **simpàtics**.*

▸ Normalment l'adjectiu va darrere del substantiu, però en alguns casos pot anar davant, per marcar un cert èmfasi.

*Avui he vist una pel·lícula **divertida**.*
*He vist una **magnífica** pel·lícula!*

masculins i femenins amb la mateixa forma

singular		plural	
masculí i femení		masculí i femení	
-ble	sociable	**-s**	sociables
-ant	distant	**-s**	distants
-ent	docent	**-s**	docents
-al, -il	formal, fàcil	**-s**	formals, fàcils
-aire	xerraire	**-s**	xerraires
gran, grans; jove, joves; alegre, alegres; belga, belgues; rosa, roses; marró, marrons…			

bo / bon / dolent / mal

▸ L'adjectiu **bo**, **bona**, **bons** i **bones** pot anar davant i darrere dels noms. El masculí singular **bo**, quan va davant del nom canvia a **bon**. **Bon**, **bona**, **bons** i **bones** van precedits per l'article indefinit pertinent.

*El sou és **bo**.*
*És **un bon** sou.*
*La feina és **bona**.*
*És **una bona** feina.*
*Els horaris són **bons**.*
*Són **uns bons** horaris.*
*Les condicions són **bones**.*
*Són **unes bones** condicions.*

▸ Si els adjectius **dolent**, **dolenta**, **dolents** i **dolentes** van davant del nom canvien per **mal**, **mala**, **mals**, **males**, i acostumen a anar precedits per l'article indefinit. Les formes que precedeixen el nom no s'utilitzen gaire.

*El sou és **dolent**.*
*La feina és **dolenta**.*
*Els horaris són **dolents**.*
*Les condicions són **dolentes**.*
*En Pau és **un mal** professional.*

adverbis: bé / ben / malament / mal

▸ L'adverbi **bé** i el seu contrari **malament** modifiquen el sentit d'un verb.

*Diuen que els rics viuen **bé** ≠ **malament**.*
*Estic **bé** ≠ **malament**.*
*Ho has fet **bé** ≠ **malament**.*

▸ Els adverbis **bé** i **malament** canvien a **ben** i **mal**, quan van davant d'un participi. **Ben** també pot anar davant d'un adjectiu o d'un adverbi en el sentit de **bastant** o **molt**.

*Els treballadors estan **ben** ≠ **mal** pagats.*
*Aquest dinar ha quedat **ben** bo.*
*Ara vius **ben** lluny.*

connector: si

▸ **Si** pot introduir oracions que expressen una condició. Per a expressar condicions pròximes a la realitat i poc incertes, el verb de les oracions introduïdes per **si** pot anar en qualsevol temps de l'indicatiu, excepte en futur i condicional. El verb de l'oració principal pot anar en qualsevol temps de l'indicatiu i en imperatiu.

*Si plou, **ens quedem** / **ens quedarem** a casa.*
*Si et talles, **renta't** la ferida amb aigua.*

Si avui ~~plourà~~ / ~~plouria~~, ens quedarem a casa.

demostratius

	singular		plural		neutre
	masculí	femení	masculí	femení	
pròxim	aquest	aquesta	aquests	aquestes	això
llunyà	aquell	aquella	aquells	aquelles	allò

A PUNT

▸ Utilitzem **aquest**, **aquesta**, **aquests**, **aquestes**, **aquell**, **aquella**, **aquells**, **aquelles** per indicar persones, coses o llocs, propers o llunyans, que assenyalem. Quan acompanyen un nom, hi concorden en gènere i nombre. Si van sols, tenen el gènere i el nombre del nom a què es refereixen.

Aquest llibre és el de l'alumne?
No, aquest és el d'exercicis; el de l'alumne és aquell d'allà.

▸ Utilitzem **aquest**, **aquesta**, **aquests**, **aquestes** + terme temporal quan parlem d'activitats en passat que s'acaben de realitzar o realitzades en una unitat de temps que encara no s'ha acabat, fins ara. Aquests temporals introdueixen frases en què el verb pot anar en perfet d'indicatiu o en imperfet d'indicatiu.

Aquesta setmana ha vingut la meva germana a visitar-me.
Aquest any hi ha hagut molts accidents de trànsit.
Aquesta tarda feia molt vent.

▸ Utilitzem **aquest**, **aquesta**, **aquests**, **aquestes** + terme temporal quan parlem d'activitats que es duran a terme en un present o en un futur pròxim. Aquests temporals introdueixen frases en present d'indicatiu o en futur.

Aquest vespre no surto, em quedo a casa.
Aquest cap de setmana anirem a Solsona.

▸ Utilitzem **aquell**, **aquella**, **aquells**, **aquelles** + terme temporal quan parlem d'activitats que es van dur a terme en un passat llunyà, en un període de temps acabat. Aquests temporals introdueixen frases en què el verb pot anar en qualsevol temps passat, excepte en perfet d'indicatiu.

Aquell estiu va ser meravellós.

▸ Utilitzem **això** o **allò** per anomenar un objecte present, proper o llunyà, del qual desconeixem el nom i també quan assenyalem o mostrem un espai, proper o llunyà, que no volem o no podem especificar en forma de nom.

Què és això?
Això és el menjador i allò la cuina.

estructures per demanar favors i frases per respondre-hi

poder (en present d'indicatiu o condicional)		+ infinitiu	Sí, i tant. No, no puc.
et li us els	fa / faria res		No, no em fa res. No puc, ho sento.

Pots venir a casa?
Sí, i tant.

Et fa res deixar-me el cotxe?
No, no em fa res.

estructures per demanar permís i frases per respondre-hi

poder (en present d'indicatiu o condicional)		+ infinitiu	Sí, i tant. No, ara no.
et li us els	fa res	**que** + present de subjuntiu	No, no em fa res. Sí, ho sento.
		si + present d'indicatiu	

Puc passar?
Sí, sí, i tant.

Li fa res que passi?
No, no em fa res. Passi, passi.

Et fa res si passo?
Sí, ho sento, ara no pot ser.

RESUM GRAMATICAL

estructures per oferir ajuda i frases per respondre-hi

voler (en present d'indicatiu)	que + frase en present de subjuntiu	Sí, gràcies! No cal, gràcies. No, no cal. Gràcies.

Vols que t'ajudi?
No, no cal. Gràcies.

expressions locatives

a l'esquerra / a la dreta

- Al costat esquerre o dret. També podem dir: **a mà esquerra / a mà dreta**.

    *Gira **a l'esquerra / a mà esquerra** i quan arribis a la plaça tomba **a la dreta / a mà dreta**.*
    *L'habitació és **a la dreta / a mà dreta** i el bany, **a l'esquerra / a mà esquerra**.*

al costat

- Indica **a prop**, d'una banda o una altra. Va seguit de la preposició **de**, si darrere hi ha un complement nominal.

    ***Al costat de** la cuina hi ha el lavabo.*

al final

- Indica en un extrem del qual no es pot passar. Va seguit de la preposició **de**, si darrere hi ha un complement nominal.

    *Segueixi aquest carrer i **al final**, giri a l'esquerra.*
    *Continuï fins **al final del** carrer i giri a l'esquerra.*

al fons

- Indica la part més interna d'un recipient, més llunyana d'un espai o també la part oposada a l'entrada. Va seguit de la preposició **de**, si darrere hi ha un complement nominal.

    *Ves pel passadís, **al fons**, hi ha el bany.*
    ***Al fons del** passadís, a mà esquerra, hi ha el bany.*

abans / després

- **Abans** significa més cap aquí i **després**, més cap enllà.

    On és l'estació de trens?
    *Saps on és el teatre? Doncs l'estació de trens és una mica **abans / després**.*
    ***Abans / Després** de la plaça, hi ha el teatre.*

amunt / avall

- **Amunt** indica una direcció o situació ascendent i **avall**, descendent. No indiquen un punt concret.

    *Si continua aquest carrer **amunt / avall**, trobarà una plaça.*

baix / dalt

- Si ens referim a un lloc amb dos nivells, **baix** determina el nivell de **sota** i **dalt**, el nivell de **sobre**. **Baix** i **dalt** acostumen a anar precedits de la preposició **a**. Quan van precedits de la preposició **de** fan de complement de nom.

    *A **baix** (al pis de sota) hi ha el menjador i la cuina, i a **dalt** (al pis de sobre) hi ha les habitacions.*
    *El pis **de baix** és més petit que el pis **de dalt**.*

davant per davant

- Indica que dues coses, llocs o persones estan cara a cara, just davant mateix.

    ***Davant per davant** del lavabo hi ha la meva habitació.*

recte

- Indica direcció en línia recta.

    *Segueixi **recte** i, quan trobi una plaça, giri a la dreta.*

expressions temporals

abans / després

- **Abans** significa en temps anterior. Acostuma a anar en oracions en què el verb va en imperfet d'indicatiu. També pot significar més aviat. **Després** significa en temps posterior o més tard.

    ***Abans** sortia cada nit.*
    *Com que en Toni és molt puntual, sempre que quedo amb ell arribo **abans**.*
    *Primer vaig posar-me a riure i **després** vaig demanar disculpes.*
    *No arribaré a temps per dinar, vindré **després** a fer el cafè.*

A PUNT

▶ **Abans de** significa més aviat de i **després de**, més tard de. Van davant d'un element nominal o d'un infinitiu.

*Has de trucar a l'escola **abans de dimecres**.*
***Abans de tapar-te** la ferida, renta-te-la amb aigua.*
*No pots entrar a l'edifici **després de les deu**.*
***Després de sortir** de casa, em vaig adonar que no duia les ulleres.*

aleshores / llavors

▶ Significa en aquell moment.

*Vaig arribar a casa i, **aleshores / llavors**, em va trucar la Blanca.*

ja / encara no

▶ Utilitzem **ja** per comprovar si alguna cosa ha passat, fins ara. I **encara no** per expressar que una acció no s'ha produït fins ara.

Què us sembla si anem a València?
*No, jo **ja** hi he estat. **Ja** hi he anat dos cops.*
*Doncs jo **encara no** hi he anat.*

mai

▶ **Mai**, en frases interrogatives, significa **alguna vegada**, i en respostes negatives, **cap vegada.**

*Has anat **mai** a Girona? = Has anat **alguna vegada** a Girona?*
*(No,) **mai**.*

quan

▶ Introdueix oracions que expressen temps. Significa en quin moment. El verb de les oracions introduïdes per **quan** acostuma a anar en indicatiu; però, si s'expressen accions futures, el verb va en subjuntiu.

***Quan em vaig casar**, vaig fer una festa amb molts convidats.*
***Quan arribis**, truca'm.*

marcadors temporals amb els temps verbals

avui ara fins ara fa una estona / fa un moment aquest matí / aquesta setmana / aquests mesos…	perfet d'indicatiu
l'any 2017… (anys passats) ahir abans-d'ahir l'altre dia la setmana passada / el mes passat… fa una setmana / fa un mes…	passat perifràstic d'indicatiu
demà demà passat dissabte que ve / la setmana que ve… aquest dissabte / aquest cap de setmana…	futur

RESUM GRAMATICAL

pronoms

pronoms personals forts

	singular		plural	
	masculí	femení	masculí	femení
1a persona	jo		nosaltres	
2a persona	tu / vostè		vosaltres / vostès	
3a persona	ell	ella	ells	elles

- Generalment no acostumem a dir ni a escriure els pronoms personals com a subjecte de l'oració, ja que la forma verbal ja indica la persona.

- **Vostè** i **vostès** s'utilitzen en un tractament formal, en general entre persones desconegudes, grans, i en relacions laborals i jeràrquiques.

pronoms febles de tercera persona en funció de complement directe: el, la, els, les

- Els pronoms febles **el**, **la**, **els**, **les** representen tot el complement directe, quan el nom d'aquest complement directe és concret i determinat per articles definits, per adjectius demostratius o per adjectius possessius. Si els pronoms **el** / **la** van davant d'un verb que comença per vocal o **h**, prenen la forma **l'**.

  Vas pagar el rebut de l'aigua?
  Sí, el vaig pagar ahir.

  Has comprat l'oli?
  Sí, sí que l'he comprat.

  Heu llegit la crítica d'aquesta pel·lícula?
  Jo, sí. La vaig llegir al diari.

  Has contestat els correus de la Rosa?
  Encara no els he contestat.

  Han estudiat bé les nostres propostes?
  Sí, les trobem molt adequades a les nostres necessitats.

- Per fer èmfasi en el complement directe, podem col·locar-lo davant de la frase i després repetir-lo, en forma pronominal, dins la frase. Llavors se sol separar amb una coma.

  Els tomàquets, els he posat al calaix de la nevera.

pronom feble de tercera persona en funció de complement directe: en

- El pronom feble **en** representa el nom del complement directe, quan aquest nom és concret, però indeterminat (no porta cap determinant o porta: articles indefinits, adjectius indefinits, numerals o quantitatius). Si el pronom **en** va davant d'un verb que comença per vocal o **h** pren la forma **n'**.

  L'hotel té wifi gratuït?
  Sí, sí que en té.

  Hi ha habitacions lliures?
  No, no n'hi ha cap.

- Per fer èmfasi en el complement directe, podem dir primer del nom de complement directe i després la frase amb el pronom que el representa, precedida d'una coma. Si el pronom és **en**, hem de posar la preposició **de** davant del nom.

  D'ascensor, en té?
  I de calefacció, n'hi ha?

ho

- El pronom **ho** pot representar un element neutre: **això** / **allò**, una frase, un infinitiu o una oració d'infinitiu, en funció de complement directe.

  Saps on és l'estació de metro?
  No, no ho sé.

- El complement directe dels verbs que expressen una acció poden ser substituïts pels seus pronoms febles corresponents; però, si en lloc d'aquests verbs, utilitzem el verb **fer**, el pronom que substitueix l'acció és **ho**.

  Has avisat els pares?
  Sí, ja els he avisat. / Sí, ja ho he fet.

A PUNT

▶ El pronom **ho** fa d'atribut dels verbs **ser**, **estar** i **semblar**, i acostuma a representar un adjectiu que s'ha dit anteriorment.

*El Berenguer és molt **simpàtic** i la seva mare també **ho és**.*
*La Marta fa veure que no està **trista**, però realment **ho està**.*
*La Gina i la Laia són **tímides** i no **ho semblen**.*

pronoms de complement indirecte: em, et, li, ens, us, els.

▶ Els pronoms febles **em / m'**, **et / t'**, **li**, **ens**, **us** i **els** fan referència als seus equivalents forts: **a mi**, **a tu**, **a ell / a ella / a vostè**, **a nosaltres**, **a vosaltres**, **a ells / a elles / a vostès**. Sovint, a la mateixa frase, es repeteixen totes dues formes de pronoms, la feble i la forta.

***M'**agraden les pel·lícules de por. (**a mi**)*
*Doncs **a mi**, **m'**agraden les de riure.*
*A l'avi, **li** posen una injecció cada matí. (**a ell**)*

▶ A vegades podem sentir el pronom **els** amb un reforç vocàlic darrere com **els hi**, pronunciat [elzi]. És una forma col·loquial permesa en l'oralitat, però no acceptada en l'escriptura.

(A elles) Els ~~hi~~ agrada més anar a ballar que anar al cine.

hi

▶ És un pronom que normalment substitueix o representa una expressió de lloc, dita anteriorment. Per fer èmfasi en el lloc, podem dir primer l'expressió de lloc i després el pronom **hi** (amb coma o sense, darrere del lloc). També podem avançar el pronom **hi** i deixar l'expressió de lloc darrere del verb.

Quan vas anar al teatre?
***Hi** vaig anar ahir.*
*Al gimnàs, **hi** vas cada dia?*
***Hi** vas sovint, a la muntanya?*

es: ús impersonal

▶ Les construccions impersonals, que no es refereixen a ningú en concret, es formen amb el pronom **es** + verb, en tercera persona. **Es** es converteix en **s'**, si el verb comença amb vocal o **h**.

***S'hauria d'ordenar** l'habitació. (impersonal)*

formes dels pronoms

		davant del verb			darrere del verb		
		el verb comença amb consonant		el verb comença amb vocal o **h**		el verb acaba en consonant o **u**		el verb acaba en vocal, excepte **u**	
		singular	plural	singular	plural	singular	plural	singular	plural
1a persona		em	ens	m'	ens	-me	-nos	'm	'ns
2a persona		et	us	t'	us	-te	-vos	't	-us
3a persona		es		s'		-se		's	
		el	els	l'	els	-lo	-los	'l	'ls
		la	les	l'	les	-la	-les	-la	-les
		en		n'		-ne		'n	
		ho		ho		-ho		-ho	
		li	els	li	els	-li	-los	-li	'ls
		hi		hi		-hi		-hi	

RESUM GRAMATICAL

que / quin en expressions exclamatives

- Utilitzem **que** davant d'un adjectiu o d'un adverbi per destacar-ne la intensitat.

    Que fort!   *Que avorrit!*
    Que bé!   *Que divertit!*

- Utilitzem **quin**, **quina**, **quins**, **quines** davant d'un nom per destacar-ne la intensitat.

    Quin temps!
    Quina por!
    Quins actors!
    Quines setmanes!

substantius: gènere de les professions

- La majoria de noms de professions tenen dues formes, una per al masculí i una altra per al femení, i segueixen la normativa general de flexió de gènere: *doctor – doctora, diputat – diputada, infermer – infermera, arquitecte – arquitecta, mestre – mestra, fuster – fustera, bomber – bombera, cambrer – cambrera...*

- Hi ha noms de professions que acaben en **–ista**, **–ant** i **–aire**, que són iguals per al masculí i per al femení: *el / la taxista, el / la periodista, el / la lampista, el / la fabricant, el / la representant, el / la cantaire...*

- Molts noms de professions que en masculí acaben en **–ent** fan el femení en **–enta**: *dependent – dependenta, president – presidenta...*

VERBS

convenir + infinitiu / anar bé + infinitiu

- Per donar consells, podem utilitzar les estructures **convenir** + infinitiu, en condicional i en present d'indicatiu, i **anar bé** + infinitiu, en condicional. Els verbs **convenir** i **anar** van sempre en tercera persona del singular perquè el subjecte és l'infinitiu.

em / m'		
et / t'		
li	convindria / convé	+ infinitiu
ens	aniria bé	
us		
els		

Em passo vuit hores davant de l'ordinador!
*Doncs **et convindria** fer exercici físic.*

Avui, he treballat tota la nit.
*Doncs, al llit ràpid, que **et convé** dormir.*

Hem caminat tres hores!
***Us aniria bé** descansar una mica.*

*Si tens mal de cap, **t'aniria bé** dormir una estona.*

fer

- Si volem referir-nos a la realització d'una acció que ha estat dita anteriorment, podem utilitzar el verb que expressa l'acció, o bé el verb **fer**. Quan utilitzem els verbs que expressen l'acció, si els complements són en forma de pronoms, els pronoms són els que representen els seus complements; però si utilitzem el verb **fer**, el pronom que representa l'acció és **ho**.

    *Heu **trucat a la policia**?*
    *Sí, ja **hi** hem trucat. / **Ho** hem **fet** fa una estona.*

fer mal / tenir mal de / fer-se mal a

- Per explicar que sentim dolor podem fer servir les estructures: **fer mal** + part del cos i **tenir mal de** + part del cos.

    *Què **et fa mal**?*   *Què li passa a en Carles?*
    ***Em fa mal** la panxa.*   ***Li fan mal** les cames.*
    Què us passa?
    *Jo **tinc mal de** queixal i la Maria **té mal de** cap.*

- Per explicar el mal que hem rebut podem utilitzar l'estructura: **fer-se mal a** + part del cos.

    *Ahir vaig caure i **em vaig fer mal al** turmell.*
    *En Joan **s'ha fet mal a l'**esquena quan ha agafat la caixa.*

A PUNT

formes verbals amb pronom d'objecte indirecte

▶ Les formes verbals **agradar** (més), **anar bé**, **semblar bé**, **estar bé**, **venir de gust** i **ser igual** es conjuguen amb el pronom d'objecte indirecte i el verb en tercera persona, del singular o del plural, perquè el subjecte és una activitat (nom o infinitiu).

pronoms objecte indirecte	verb	subjecte
(a mi) em / m'	agrada (més)	activitat
(a tu) et / t'	va bé	
(a ell, a ella, a vostè) li	sembla bé	
(a nosaltres) ens	està bé	
(a vosaltres) us	ve de gust	
(a ells, a elles, a vostès) els	és igual	

A mi m'**agrada** més anar al cine que al teatre.
A ells els **agraden** les pel·lícules de por.
Et **va bé** quedar a les set?
Us **sembla bé** anar a fer una copa?
Ens **està bé** aquest restaurant.
Us **estan bé** aquestes propostes?
Li **ve de gust** prendre un cafè?
Et **venen de gust** els pastissos?
M'**és igual** anar al concert o quedar-me a casa.

preferir / estimar-se més / agradar més

▶ Utilitzem **preferir**, **estimar-se més** i **agradar més** per indicar preferències. El subjecte de **preferir** i **estimar-se més** és la persona que expressa la preferència. En canvi, la forma **agradar més** sempre va en tercera persona, del singular o del plural, perquè el subjecte és l'activitat (nom o infinitiu) i es conjuga amb els pronoms d'objecte indirecte.

Els teus amics **s'estimen més / prefereixen** anar a fer una copa.
Jo **m'estimo més / prefereixo** les pel·lícules romàntiques.
Als teus amics **els agrada més** anar a fer una copa.
A vostè **li agraden més** les novel·les de por que les d'aventures?

ser / estar / semblar

▶ Per dir les qualitats permanents o definitòries d'una persona utilitzem el verb **ser** + adjectiu o participi.

▶ Per dir les qualitats o estats transitoris referents a l'estat anímic o físic en què es troba algú en un determinat moment utilitzem el verb **estar** + adjectiu o participi.

La Maria **és** molt divertida, però avui **està** trista.
Aquesta setmana la Júlia **està** estressada i atabalada perquè té molta feina, però normalment **és** una persona tranquil·la.
En Marc **és** molt guapo, però avui **està** lleig.

▶ Quan parlem de l'aparença d'una persona utilitzem el verb **semblar**.

En Martí **sembla** tímid, però és molt obert.
Els tiets **semblen** tristos. No sé què els deu passar.

ser / haver-hi

▶ Utilitzem **ser** per localitzar un element. En alguns casos, podem utilitzar també: **trobar-se**, **estar situat**.

El menjador **és** al primer pis.
El lavabo **és** entrant a mà dreta.
Quan va néixer el nostre fill **ens trobàvem** a Brussel·les.
La casa de Pau Casals **està situada** al centre del Vendrell.

▶ Utilitzem **haver-hi** per expressar la presència o l'existència d'un element en un lloc.

Al primer pis **hi ha** les habitacions.
Entrant a mà dreta **hi ha** el lavabo.

RESUM GRAMATICAL

verbs per expressar el temps meteorològic

▸ Els verbs **ploure** i **nevar**, i els verbs **fer** i **haver-hi**, seguits de noms de fenòmens meteorològics, es conjuguen en tercera persona del singular.

*Avui **plou** molt.*
*Ha **nevat** tota la nit.*
*Aquest cap de setmana **farà** vent i **hi haurà** núvols.*
*Aquesta setmana **hi ha hagut** molta boira.*

▸ Els verbs **caure** i **bufar** es complementen amb noms de fenòmens determinats i concorden amb el nom que fa de subjecte.

***Cauen** ruixats a gran part del país i **bufa** un vent molt fort de l'est.*

gerundi

▸ Els verbs de la primera conjugació fan el gerundi acabat en **-ant** *(ajudar - ajudant)*, els de la segona conjugació en **-ent** *(conèixer - coneixent)* i els de la tercera conjugació en **-int** *(dormir - dormint)*.

perífrasis

haver de + infinitiu

▸ Per donar consells, instruccions o expressar requisits podem utilitzar la perífrasi: **haver de** + infinitiu. Acostumem a usar **haver de** en condicional, perquè suavitza l'obligatorietat que dona la mateixa expressió en present d'indicatiu. També es pot fer servir la forma impersonal: s'anteposa el pronom **es / s'** a la perífrasi.

*Pep, **hauries d'ordenar** l'habitació. (forma personal)*
***S'hauria d'ordenar** l'habitació. (forma impersonal)*

caldre + infinitiu / que + subjuntiu

▸ Per donar consells, instruccions o expressar requisits, podem utilitzar les perífrasis: **caldre** + infinitiu (forma impersonal) o **caldre** + **que** + subjuntiu (forma personal).

*Per entrar a treballar en aquesta empresa **cal parlar** idiomes. (impersonal)*
*Si en Joan vol ser monitor **cal que parli** català i castellà. (personal)*

ser necessari + infinitiu / que + subjuntiu

▸ Per donar consells, instruccions o expressar requisits, podem utilitzar les perífrasis: **ser necessari** + infinitiu (forma impersonal) o **ser necessari** + **que** + subjuntiu (forma personal).

*Per entrar a treballar en aquesta empresa **és necessari parlar** idiomes. (impersonal)*
*Si en Joan vol ser monitor **és necessari que parli** català i castellà. (personal)*

estar + gerundi

▸ Usem la perífrasi **estar** + gerundi per parlar d'una acció que es produeix en un moment concret. Observem l'acció un cop ja ha començat però abans que s'acabi.

*Què **estàs fent**? **Estic escrivint** una invitació per a la festa.*
*Quan m'has trucat **estava comprant** al supermercat.*

soler + infinitiu / acostumar a + infinitiu

▸ Els verbs **soler** i **acostumar** serveixen per expressar accions freqüents o repetides, i es posen davant de l'infinitiu que expressa l'acció. El verb **acostumar** va sempre seguit de la preposició **a**.

*Quan érem petits, **solíem / acostumàvem a** anar de colònies a l'estiu.*

pensar + infinitiu

▸ **Pensar** + **infinitiu** serveix per expressar la voluntat de fer una cosa.

*Què **penses fer** el cap de setmana que ve? Encara no ho sé.*

*Ahir **pensava anar** al cine, però al final no hi vaig anar.*

A PUNT

present d'indicatiu

◗ Usem el present d'indicatiu per expressar accions que passen en el moment que es diuen i per expressar accions habituals o que passen amb freqüència.

*Ara mateix **soc** molt feliç.*   *Cada dia **em llevo** a les set.*   *Els diumenges no **m'agraden** gaire.*

PRIMERA CONJUGACIÓ

parlar	llevar-se
parlo	em llevo
parles	et lleves
parla	es lleva
parlem	ens llevem
parleu	us lleveu
parlen	es lleven

alteracions ortogràfiques

començar	plegar	passejar	tancar
comen**ç**o	ple**g**o	passe**j**o	tan**c**o
comen**c**es	ple**gu**es	passe**g**es	tan**qu**es
comen**ç**a	ple**g**a	passe**j**a	tan**c**a
comen**c**em	ple**gu**em	passe**g**em	tan**qu**em
comen**c**eu	ple**gu**eu	passe**g**eu	tan**qu**eu
comen**c**en	ple**gu**en	passe**g**en	tan**qu**en

formes irregulars

anar	anar-se'n	estar	estar-se
vaig	me'n vaig	estic	m'estic
vas	te'n vas	estàs	t'estàs
va	se'n va	està	s'està
anem	ens en / n'anem	estem	ens estem
aneu	us en / n'aneu	esteu	us esteu
van	se'n van	estan	s'estan

SEGONA CONJUGACIÓ

formes irregulars

beure	conèixer	dir-se	dur	escriure	fer	poder
bec	conec	em dic	duc	escric	faig	puc
beus	coneixes	et dius	dus (duus)	escrius	fas	pots
beu	coneix	es diu	du (duu)	escriu	fa	pot
bevem	coneixem	ens diem	duem	escrivim	fem	podem
beveu	coneixeu	us dieu	dueu	escriviu	feu	podeu
beuen	coneixen	es diuen	duen	escriuen	fan	poden

prendre	saber	ser	veure	viure	voler
prenc	sé	soc	veig	visc	vull
prens	saps	ets	veus	vius	vols
pren	sap	és	veu	viu	vol
prenem	sabem	som	veiem	vivim	volem
preneu	sabeu	sou	veieu	viviu	voleu
prenen	saben	són	veuen	viuen	volen

RESUM GRAMATICAL

TERCERA CONJUGACIÓ

model sense –eix	model amb –eix	formes irregulars			
dormir	**llegir**	**obrir**	**sortir**	**tenir**	**venir**
dormo	llegeixo	obro	surto	tinc	vinc
dorms	llegeixes	obres	surts	tens	vens
dorm	llegeix	obre	surt	té	ve
dormim	llegim	obrim	sortim	tenim	venim
dormiu	llegiu	obriu	sortiu	teniu	veniu
dormen	llegeixen	obren	surten	tenen	venen

passat perifràstic d'indicatiu

▶ S'utilitza per parlar d'algun fet del passat que considerem acabat i sense relació amb el present.

*Neus Català **va morir** el 13 d'abril de 2019.*

vaig	
vas	
va	+ infinitiu
vam (vàrem)	
vau (vàreu)	
van (varen)	

comprar	**casar-se**	**anar-se'n**
vaig comprar	**em** vaig casar / vaig casar-**me**	**me'n** vaig anar / vaig anar-**me'n**
vas comprar	**et** vas casar / vas casar-**te**	**te'n** vas anar / vas anar-**te'n**
va comprar	**es** va casar / va casar-**se**	**se'n** va anar / va anar-**se'n**
vam comprar	**ens** vam casar / vam casar-**nos**	**ens en** vam anar / vam anar-**nos-en**
vau comprar	**us** vau casar / vau casar-**vos**	**us en** vau anar / vau anar-**vos-en**
van comprar	**es** van casar / van casar-**se**	**se'n** van anar / van anar-**se'n**

perfet d'indicatiu

▶ S'utilitza per expressar una acció passada, realitzada durant una part del dia d'avui o durant un període de temps que relacionem amb el present.

*Avui no **m'he afaitat** perquè **m'he llevat** tard.*
***He menjat** calçots tres vegades a la meva vida.*
*Aquesta setmana **ha vingut** la meva germana a visitar-me.*

▶ Si no expressem el moment del passat en què succeeix una acció, utilitzem el perfet d'indicatiu si el parlant la percep en un temps encara present. Si la situa en un temps llunyà, utilitzem el passat perifràstic d'indicatiu.

*En Pep Guardiola **ha guanyat** molts partits de futbol.*
(L'acció se sent encara com a present.)

*En Pep Guardiola **va guanyar** molts partits de futbol.*
(L'acció ja no se sent com a present.)

he	
has	
ha	+ participi
hem	
heu	
han	

llevar-se	
m'he	
t'has	
s'ha	llevat
ens hem	
us heu	
s'han	

anar-se'n
me n'he anat
te n'has anat
se n'ha anat
ens en / n' hem anat
us en / n' heu anat
se n'han anat

A PUNT

participi
formes regulars

infinitiu acabat en:	participi acabat en:
-ar	-at
-er / -re	-ut
-ir	-it

formes irregulars

infinitiu	participi	infinitiu	participi	infinitiu	participi
absoldre	absolt	entendre	entès	resoldre	resolt
admetre	admès	escriure	escrit	respondre	respost
aparèixer	aparegut	fer	fet	riure	rigut
aprendre	après	haver	hagut	saber	sabut
beure	begut	morir	mort	ser	sigut / estat
cometre	comès	néixer	nascut	suspendre	suspès
conèixer	conegut	obrir	obert	tenir	tingut
creure	cregut	oferir	ofert	treure	tret
difondre	difós	ploure	plogut	venir	vingut
dir	dit	poder	pogut	veure	vist
dur	dut	prendre	pres	viure	viscut
encendre	encès	prometre	promès	voler	volgut

imperfet d'indicatiu

▶ Usem l'imperfet d'indicatiu per descriure com eren les persones o les coses en un passat.

*Abans la Mireia **era** molt tímida i tancada.*
*Quan tenies quinze anys, **portaves** ulleres i **duies** els cabells arrissats.*

▶ Usem l'imperfet d'indicatiu per descriure una situació del passat, habitual o repetida.

*Quan **festejàvem** ens **trucàvem** cada dia dues o tres vegades.*
*Jo abans **guanyava** molts diners, **viatjava** molt sovint, **menjava** cada dia en un restaurant i **tenia** molts amics.*

▶ Normalment la síl·laba tònica de les formes de l'imperfet d'indicatiu són: **-a**va, **-a**ves, **-a**va, **-à**vem, **-à**veu, **-a**ven, **-i**a, **-i**es, **-i**a, **-í**em, **-í**eu, **-i**en. Alguns verbs com **ser**, **fer**, **dur**... tenen la síl·laba tònica a l'arrel. La primera i segona persona del plural de l'imperfet d'indicatiu sempre s'accentuen.

portar	**voler**	**tenir**	**ser**	**fer**	**dur**
portava	volia	tenia	**e**ra	f**e**ia	d**u**ia
portaves	volies	tenies	**e**res	f**e**ies	d**u**ies
portava	volia	tenia	**e**ra	f**e**ia	d**u**ia
portàvem	volíem	teníem	**é**rem	f**è**iem	d**ú**iem
portàveu	volíeu	teníeu	**é**reu	f**è**ieu	d**ú**ieu
portaven	volien	tenien	**e**ren	f**e**ien	d**u**ien

RESUM GRAMATICAL

futur

- Per expressar accions que passaran posteriorment al moment en què es parla o en què esdevé una acció podem utilitzar el futur.

- El futur dels verbs regulars de totes les conjugacions es forma afegint les terminacions **-é**, **-às**, **-à**, **-em**, **-eu**, **-an** a l'última **-r** de l'infinitiu: *menjar - menjaré, veure - veuré, conèixer - coneixeré, sortir - sortiré...*

- La primera, segona i tercera persona del singular del futur sempre s'accentuen: *cantaré, cantaràs, cantarà, prendré, prendràs, prendrà, faré, faràs, farà, dormiré, dormiràs, dormirà...* Les altres no s'accentuen mai.

formes irregulars

anar	fer	tenir	venir	poder	voler	haver
aniré	faré	tindré	vindré	podré	voldré	hauré
aniràs	faràs	tindràs	vindràs	podràs	voldràs	hauràs
anirà	farà	tindrà	vindrà	podrà	voldrà	haurà
anirem	farem	tindrem	vindrem	podrem	voldrem	haurem
anireu	fareu	tindreu	vindreu	podreu	voldreu	haureu
aniran	faran	tindran	vindran	podran	voldran	hauran

- Per expressar una acció futura planificada, a vegades podem fer servir el present d'indicatiu.

    *Diumenge **sortirem** / **sortim** a les vuit del matí i **farem** / **fem** una ruta literària.*

condicional

- Utilitzem el condicional per demanar i donar consells. El condicional dels verbs regulars es forma afegint les terminacions: **-ia**, **-ies**, **-ia**, **-íem**, **-íeu**, **-ien** a l'última **-r** de l'infinitiu: *menjar - menjaria, beure - beuria, prendre - prendria, sortir - sortiria...*

    *No sé què fer. Tu què **faries**?*
    *Jo, de tu, **aniria** al metge.*

- La primera i segona persona del plural del condicional sempre s'accentuen: *cantaríem, cantaríeu, faríem, faríeu, prendríem, prendríeu, dormiríem, dormiríeu...*

formes irregulars

anar	fer	venir	poder	haver
aniria	faria	vindria	podria	hauria
aniries	faries	vindries	podries	hauries
aniria	faria	vindria	podria	hauria
aniríem	faríem	vindríem	podríem	hauríem
aniríeu	faríeu	vindríeu	podríeu	hauríeu
anirien	farien	vindrien	podrien	haurien

A PUNT

imperatiu

▶ Fem servir l'imperatiu per donar ordres o instruccions, afirmatives o negatives.

▶ La segona persona del singular i del plural (tu i vosaltres) dels imperatius afirmatius provenen del present d'indicatiu. La tercera persona del singular i del plural (vostè i vostès) i la primera persona del plural (nosaltres), del present de subjuntiu.

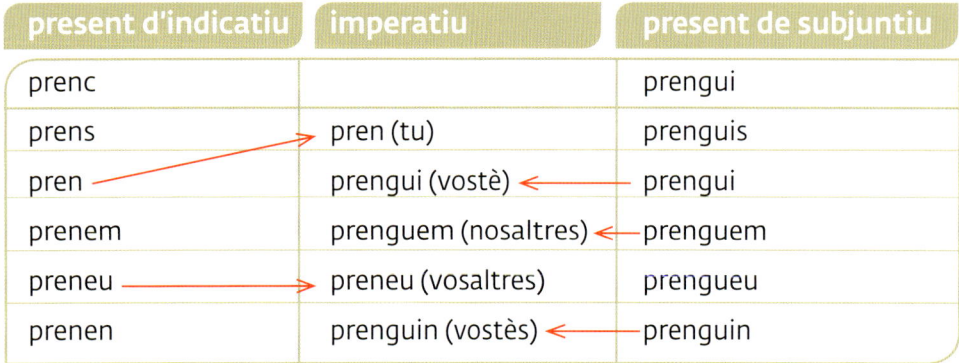

formes irregulars

	anar	fer
tu	ves	fes
vostè	vagi	faci
nosaltres	anem	fem
vosaltres	aneu	feu
vostès	vagin	facin

▶ Utilitzem les formes del present de subjuntiu per negar la forma de l'imperatiu.

	menjar	beure	fer	dormir	seguir
no	mengis	beguis	facis	dormis	segueixis
	mengi	begui	faci	dormi	segueixi
	mengem	beguem	fem	dormim	seguim
	mengeu	begueu	feu	dormiu	seguiu
	mengin	beguin	facin	dormin	segueixin

▶ Si el verb va amb pronom, en la forma de l'imperatiu afirmatiu, es posa darrere: *vacuni's, posa't, renti's...* Si la forma és negativa, el pronom va davant del verb en subjuntiu: *no **es** vacuni, no **et** posis, no **es** renti...*

RESUM GRAMATICAL

present de subjuntiu

▶ En els verbs regulars de la primera i segona conjugació, el present de subjuntiu es forma substituint les terminacions de l'infinitiu per: **-i**, **-is**, **-i**, **-em**, **-eu**, **-in**; i en els verbs de la tercera conjugació per: **-i**, **-is**, **-i**, **-im**, **-iu**, **-in**.

parlar	perdre	dormir	seguir
parli	perdi	dormi	segueixi
parlis	perdis	dormis	segueixis
parli	perdi	dormi	segueixi
parlem	perdem	dormim	seguim
parleu	perdeu	dormiu	seguiu
parlin	perdin	dormin	segueixin

formes irregulars

fer	poder	saber	ser	tenir	venir
faci	pugui	sàpiga	sigui	tingui	vingui
facis	puguis	sàpigues	siguis	tinguis	vinguis
faci	pugui	sàpiga	sigui	tingui	vingui
fem	puguem	sapiguem	siguem	tinguem	vinguem
feu	pugueu	sapigueu	sigueu	tingueu	vingueu
facin	puguin	sàpiguen	siguin	tinguin	vinguin

estructures amb subjuntiu

és necessari és imprescindible és indispensable cal	**que** + present de subjuntiu

*Si vols ser professor, **és necessari / és imprescindible / és indispensable que tinguis** paciència.*
***Cal que tingueu** el certificat, si us voleu presentar a les proves.*

voler buscar demanar necessitar	algú / persones / un candidat	**que** + present de subjuntiu

***Busquen un noi que tingui** experiència.*
***Demanen candidats que parlin** tres idiomes.*

voler	**que** + frase en present de subjuntiu

***Vols que t'ajudi**?*
***Voleu que els nuvis arribin** més d'hora?*

© **FOTOGRAFIES**: **Coberta**: Lucas Vallecillas/Age Fotostock.com; **unitat 0**: Yevgen Belich/Shutterstock.com; Boris Stroujko/Shutterstock.com; Christian Bertrand/Shutterstock.com; robertonencini/Shutterstock.com; Pat_Hastings/Shutterstock.com; Borisb17/Shutterstock.com; Mercè Rodoreda, PAMSA (p. 12-13); pisaphotography/Shutterstock.com; windmoon/Shutterstock.com; DJTaylor/Shutterstock.com; Timofey Zadvornov/Shutterstock.com; GlebSStock/Shutterstock.com; robertonencini/Shutterstock.com; Rawpixel.com/Shutterstock.com; lunamarina/Shutterstock.com; ipag collection/Shutterstock.com; Triff/Shutterstock.com (p. 14); Rido/Shutterstock.com; Djomas/Shutterstock.com; WAYHOME studio/Shutterstock.com (p.17); **unitat 1**: AJR_photo/Shutterstock.com; Rachata Teyparsit/Shutterstock.com; GaudiLab/Shutterstock.com; LightField Studios/Shutterstock.com; Look Studio/Shutterstock.com; AJR_photo/Shutterstock.com; Roman Rybaleov/Shutterstock.com; AJR_photo/Shutterstock.com; Stockshakir/Shutterstock.com; sirtravelalot/Shutterstock.com; Masson/Shutterstock.com (p. 20-21); Smartpictureguy/Shutterstock.com; Marko Aliaksandr/Shutterstock.com; Romrodphoto/Shutterstock.com; HerArtSheLoves/Shutterstock.com; ChameleonsEye/Shutterstock.com; WAYHOME studio/Shutterstock.com; tryam/Shutterstock.com; pikselstock/Shutterstock.com (p. 22); AJR_photo/Shutterstock.com; ESB Professional/Shutterstock.com (p. 23); **unitat 2**: lexan/Shutterstock.com; SergeyPhoto7/Shutterstock.com; robert cicchetti/Shutterstock.com; Mehmet Cetin/Shutterstock.com (p. 34-35); Birkir Asgeirsson/Shutterstock.com; Victor Brave/Shutterstock.com; Maryna Kulchytska/Shutterstock.com; LeonP/Shutterstock.com; gadzius/Shutterstock.com (p. 36); Featureflash Photo Agency/Shutterstock.com; Oleksandr Osipov/Shutterstock.com; Mònica Terribas i Miquel Barceló, ACN; Paula Bonet, Noemí Elías; Sergi Belbel, BiBi Oye (p. 40); YiAN Kourt/Shutterstock.com; Empar Marco, Inma Caballer; Araceli Segarra, Alfons Valls (p. 41); Corporació Catalana de Mitjans Audiovisuals, SA; Ens Públic de Radiotelevisió de les Illes Balears; Comunicació Corporació Valenciana de Mitjans de Comunicació - À Punt Mèdia (p. 42); **unitat 3**: Niphon Subsri/Shutterstock.com; Bejim/Shutterstock.com; davorana/Shutterstock.com (p. 48); Just2shutter/Shutterstock.com; Tungphoto/Shutterstock.com (p. 49); FatCamera/istockphoto.com (p. 50); Jordi Díaz, Jordi Bernabé (p. 51); JaySi/Shutterstock.com (p. 52); View Apart/Shutterstock.com; Catalin Petolea/Shutterstock.com; Neirfy/Shutterstock.com (p. 53); J Walters/Shutterstock.com; Axel Bueckert/Shutterstock.com; mspoli/Shutterstock.com; CandyBox Images/Shutterstock.com; AJR_photo/Shutterstock.com (p. 54); Cara-Foto/Shutterstock.com; AlexGulko/Shutterstock.com; aSuruwataRi/Shutterstock.com (p. 55); Everett Historical/Shutterstock.com; Fortgens Photography/Shutterstock.com; aleksander hunta/Shutterstock.com (p. 56); Ivonne Wierink/Shutterstock.com; Everett Historical/Shutterstock.com (p. 57); **unitat 4**: Elena Elisseeva/Shutterstock.com (p. 62-63); casa Pau Casals El Vendrell, Jordi Santacana; casa Pau Casals Sant Salvador, Linus Urpí. Fundació Pau Casals (p. 64); Antoha713/Shutterstock.com; Photographee.eu/Shutterstock.com; KUPRYNENKO ANDRII/Shutterstock.com (p. 67); Africa Studio/Shutterstock.com (p. 69); EQRoy/Shutterstock.com; katiaishere/Shutterstock.com (p. 70); joan_bautista/Shutterstock.com (p. 71); **unitat 5**: Dasha Petrenko/Shutterstock.com; Songquan Deng/Shutterstock.com (p. 76); karnavalfoto/Shutterstock.com (p. 77); Gran Tutufo/Shutterstock.com; jtoddpope/Shutterstock.com; Den Rozhnovsky/Shutterstock.com (p. 78); IM_photo/Shutterstock.com (p. 79); lunamarina/Shutterstock.com; jaume/Shutterstock.com (p. 80); Byelikova Oksana/Shutterstock.com (p. 81); KC Lens and Footage/Shutterstock.com; Mirelle/Shutterstock.com (p. 82); Walencienne/Shutterstock.com; Bildgigant/Shutterstock.com (p. 84); Romanyà de la Selva, Ajuntament de Santa Cristina d'Aro; Xavi Lapuente/Shutterstock.com (p. 85); **unitat 6**: LightField Studios/Shutterstock.com (p. 90-91); Gearstd/Shutterstock.com (p. 92); Nadino/Shutterstock.com; Elnur/Shutterstock.com; Nadino/Shutterstock.com (p. 93); TheVisualsYouNeed/Shutterstock.com; Andrey_Popov/Shutterstock.com; ESB Professional/Shutterstock.com; VH-studio/Shutterstock.com (p. 94); Haali/Shutterstock.com; WAYHOME studio/Shutterstock.com (p. 95); sebra/Shutterstock.com (p. 98); targeta sanitària, Servei Català de la Salut (p. 99); **unitat 7**: kurhan/Shutterstock.com (p. 104-105); baranq/Shutterstock.com (p. 106); tomertu/Shutterstock.com (p. 107); Africa Studio/Shutterstock.com (p. 110); Tom Wang/Shutterstock.com (p. 111); Parilov/Shutterstock.com; Dean Drobot/Shutterstock.com; John Bill/Shutterstock.com; Silarock/Shutterstock.com; MarinaGrigorivna/Shutterstock.com; Jos Post/Shutterstock.com; Nagy-Bagoly Arpad/Shutterstock.com; raditya/Shutterstock.com; worradirek/Shutterstock.com; Edda Dupree/Shutterstock.com (p. 112); **unitat 8**: Africa Studio/Shutterstock.com; AlessandroBiascioli/Shutterstock.com (p. 118); FabrikaSimf/Shutterstock.com; Annette Shaff/Shutterstock.com (p. 119); Vera Petrunina/Shutterstock.com; bezikus/Shutterstock.com; Akaberka/Shutterstock.com (p. 120); WAYHOME studio/Shutterstock.com; Aaron Amat/Shutterstock.com; WAYHOME studio/Shutterstock.com; Daniel M Ernst/Shutterstock.com (p. 121); Dean Drobot/Shutterstock.com; Kaponia Aliaksei/Shutterstock.com (p. 123); Animac; Festival de llegendes de Catalunya, www.festivaldellegendes.com (p.126); Oques grasses, foto: Xevi Abril, tractament: Jordi Serra; Pep Gimeno "Botifarra", Juanjo Company; Lluís Chesa; Trapezi, Tjerk van der Meulen, Arxiu IMRC (p. 127); **unitat 9**: Dean Drobot/Shutterstock.com; lunarts_studio/Shutterstock.com; Olena Yakobchuk/Shutterstock.com (p. 132); Rachata Teyparsit/Shutterstock.com; Marcos Mesa Sam Wordley/Shutterstock.com (p. 133); ESB Professional/Shutterstock.com (p. 136); Rohappy/Shutterstock.com (p. 136-137); OLIINYK INNA (p. 138); jkjainu/Shutterstock.com (p. 140-141); **paisatges**: Yerbolat Shadrakhov/Shutterstock.com (p. 147); luzimag/Shutterstock.com; Gaston Piccinetti/Shutterstock.com; anastas_styles/Shutterstock.com; lunamarina/Shutterstock.com; Paolo Trovo/Shutterstock.com; Oleg_P/Shutterstock.com; Ingrid Prats/Shutterstock.com; Trazos sobre papel/Shutterstock.com; VCoscaron/Shutterstock.com; CRISTIAN IONUT ZAHARIA/Shutterstock.com; Jacinto Marabel Romo/Shutterstock.com; Sigfrid Campama Puig/Shutterstock.com; Balate Dorin/Shutterstock.com; CRISTIAN IONUT ZAHARIA/Shutterstock.com; Rocky Reborn/Shutterstock.com; Yulia-Bogdanova/Shutterstock.com; CRISTIAN IONUT ZAHARIA/Shutterstock.com (p. 148-149); CRISTIAN IONUT ZAHARIA/Shutterstock.com; LianeM/Shutterstock.com (p. 150); dubassy/Shutterstock.com (p. 151); nito/Shutterstock.com (p. 152); Igor Plotnikov/Shutterstock.com; Jacinto Marabel Romo/Shutterstock.com; defoto.net/Shutterstock.com (p. 153); IURII BURIAK/Shutterstock.com; CRISTIAN IONUT ZAHARIA/Shutterstock.com; peresanz/Shutterstock.com (p. 154-155); Mariusz Stanosz/Shutterstock.com; LongJon/Shutterstock.com; Alex Tihonovs/Shutterstock.com; JulioRL/Shutterstock.com (p. 156-157); Filip Fuxa/Shutterstock.com (p. 158); Elvira Koneva/Shutterstock.com; la cova Meravelles, Ajuntament de Benifallet (p. 159); Alberto Zamorano/Shutterstock.com; E. Kriegner/Shutterstock.com; Sigfrid Campama Puig/Shutterstock.com (p. 160); Max Topchii/Shutterstock.com; AndrusV/Shutterstock.com; vulcano/Shutterstock.com (p. 161); Josep Curto/Shutterstock.com; Oleg_P/Shutterstock.com; gurb101088/Shutterstock.com (p. 162); Tramont_ana/Shutterstock.com; Markus Mainka/Shutterstock.com; alexilena/Shutterstock.com (p. 163); Manuel Garces Mota/Shutterstock.com; Fernando.RM/Shutterstock.com; Marc Venema/Shutterstock.com (p. 164); Luis becerra/Shutterstock.com; CRISTIAN IONUT ZAHARIA/Shutterstock.com; Arnau Duran/Shutterstock.com (p. 165); AXL/Shutterstock.com; Jordi C/Shutterstock.com (p. 166); Riderfoot/Shutterstock.com; Jacinto Marabel Romo/Shutterstock.com; Lukasz Janyst/Shutterstock.com; Riderfoot/Shutterstock.com; Jacinto Marabel Romo/Shutterstock.com; lunamarina/Shutterstock.com (p. 167); Guillem Lopez Borras/Shutterstock.com; funkyfrogstock/Shutterstock.com; Hans Geel/Shutterstock.com; lunamarina/Shutterstock.com; Gonzalo Jara/Shutterstock.com; Megapixeles.es/Shutterstock.com (p. 168-169); Rangzen/Shutterstock.com; tuulijumala/Shutterstock.com (p. 170-171); F.Pallars/Shutterstock.com; patjo/Shutterstock.com (p. 172); Sigfrid Campama Puig/Shutterstock.com (p. 173); Yerbolat Shadrakhov/Shutterstock.com (p. 174)